Rolf Hess | DIE ARROGANZ DES GELDES

Rolf Hess

DIE ARROGANZ DES GELDES

Das Leben im
»CLUB« der Reichen und Superreichen

Oesch Verlag

Alle Rechte vorbehalten
Nachdruck in jeder Form sowie die Wiedergabe durch Fernsehen,
Rundfunk, Film, Bild- und Tonträger, die Speicherung und Verbreitung
in elektronischen Medien oder Benutzung für Vorträge, auch
auszugsweise, nur mit Genehmigung des Verlags.

Copyright © 2009 bei Oesch Verlag AG, Zürich
Umschlagbild: mauritius images
Druck und Bindung: CPI – Ebner & Spiegel, Ulm
Printed in Germany

ISBN 978-3-0350-2805-8

Unser Buchprogramm finden Sie im Internet unter:
www.oeschverlag.ch
www.joppverlag.de

Inhalt

Vorwort 9

Der CLUB und die Arroganz des Geldes 11

Der Hintergrund 13
Worum geht's? 27

Der CLUB der Geldvermehrer 33

Kapitel 1
Die Schäfchen ins Trockene bringen 35
Was ist der CLUB und wer gehört dazu? 35
Ein perfektes globales System der Geldvermehrung 45
Die privaten Haushalte – gehören auch zum CLUB! 54
Die Schere zwischen dem CLUB und dem Rest der Welt . 61
Die Schwellenländer 66
Und im eigenen Lande? 69
Können Religionen oder Glaubensgemeinschaften Mitglied
    im CLUB sein? 73
Die Interessen des Vatikans 74

Kapitel 2
Die Fondsmanager, die Pensionskassen und alle anderen großen Akteure 81
Wo Geldgier und Macht zusammentreffen 87
Die Strukturen der Fonds und der Banken 89
Vom System gelenkte Vermögensvernichter –
    Hedge Fonds 96
        Das Wirken von Hedge-Fonds, am Beispiel der
            Deutschen Börse AG 98
        Mother Rock 105
        Amaranth Advisors 106
        Trident European Fund 108
Finanzinvestoren 109
Die Bernie Madoffs dieser Welt 115
Die Pensionskassen-Manager als Leichenbestatter der
    Unternehmen 117
        Funktionsweise und Volumen der Pensionskassen ... 117
        Pensionskassen als Gefahr für den Mittelstand 123
        Pensionskassen als Mitglieder im CLUB 127
        Anlagepolitik der Pensionskassen 130
        Pensionskassen und Korruption 133
Abzocke beim Börsengang 133
        C.A.T. Oil 135
        Air Berlin 136
        Venturion 136
Off-shore-Aktivitäten – am Staat vorbei 137

Kapitel 3
Wer vernichtet den Mittelstand und die Arbeitsplätze? . 151
Die Finanzierungssituation im Mittelstand 152
    Der Mittelstand in der Hand von Hedge-Fonds 152
    CeWe Color 153
    Balda 154
    Der Hedge-Fonds-Manager Florian Homm 155

Das Problem der Eigenkapitalquote des
   Mittelstandes 156
Die Rolle der Banken 164
Die Rolle der Versicherungskonzerne 173
Die Rolle der Banken- und Versicherungsaufsicht . . . 178
Mittelstand und Globalisierung 183

Was ist die Lösung? 185

Kapitel 4
Was müsste sich ändern? 187
Fiskalische Maßnahmen 188
Neue Börsenplätze für Mittelständler 190
   Etwas Nostalgie: Der Neue Markt 190
   Das Jahr 1998 am Neuen Markt und die weitere
      Entwicklung 191
   M:access 195
   Börse führt GEX ein 200
   AIM (Alternative Investment Market) 201
Mittelstandsbanken sind unverzichtbar 203
   Die staatliche KfW und ihre Geschichten 204
   Die Finanzkrise ab 2007 bis heute 209
   Private Equity Finanzierung im Mittelstand 212
   Der Banker muss zum Unternehmer werden 213
Wer hat Interesse an Veränderungen? 219
Was ist zu tun? 223

Anhang
Tabelle: Millionen, Milliarden, Billionen 227
Namens- und Unternehmensverzeichnis 228
Anmerkungen 232

Vorwort

Seit Jahrzehnten ist ersichtlich, dass sich in unserer kapitalistischen Wirtschaftswelt eine neue »Spezies« Mensch entwickelt hat, die sich in Geld- und Wirtschaftsfragen ganz anders verhält, als die Gründerväter unserer Wohlstandsgesellschaft. Diese neue Geld-Elite, wie ich sie nenne, baut ihr Geschäftsmodell nicht darauf auf, für die Volkswirtschaft Mehrwerte zu schaffen. Das Geschäftsmodell besteht in erster Linie darin, Gelder aus dem Kreis der Volkswirtschaft zu entnehmen, diese spekulativ anzulegen, um sich damit zu bereichern. In keinem Fall werden solche Gelder wieder zurückgeführt, das heißt, wir alle können mit dem Geld nicht mehr arbeiten.

Besonderen Anstoß nehme ich daran, wenn man sieht, mit welcher unermesslichen, fast krankhaften Gier und mit welcher unverfrorenen Selbstverständlichkeit diese Menschen, ich meine Spekulanten, sich an den Geldtöpfen der Allgemeinheit bedienen.

Verlierer sind wir alle, vor allem aber der Mittelstand, der so langsam, aber sicher zum Verschwinden gebracht wird. In den meisten industrialisierten Ländern ist der Mittelstand die staatstragende Schicht der Volkswirtschaft, also quasi das Rückgrat unseres Wohlstandes.

Diese bedrohliche Entwicklung ist seit Jahren zu erkennen. Sie hat grundsätzlich mit der momentanen Finanz- und Wirtschaftskrise nichts zu tun. Nur hat die Krise nun diese Fehlentwicklung zusätzlich in einer dramatischen Art offengelegt. Es ist nun viel leichter, Ross und Reiter zu benennen. Genau dies ist der Sinn und Zweck dieses Buches.

Ich habe mich während der letzten 30 Jahre als Unternehmer in den verschiedensten Funktionen beschäftigt. Angefangen als Wirtschaftsprüfer in Großkonzernen, dann als Unternehmensberater in großen wie auch kleineren Firmen. Als Aufsichtsrat Dutzender KMUs habe ich nicht nur unternehmerische Verantwortung getragen, sondern auch die Bedeutung dieses Segmentes der Volkswirtschaft kennen und schätzen gelernt.

Seit rund 15 Jahren betätige ich mich auch als Investor. In dieser Funktion habe ich wohl auch alle Facetten des Unternehmertums kennen und spüren gelernt, vom sonnigen Aufgang der Unternehmensidee bis zum schmerzlichen Verlust des gesamten Kapitals. Also, ich weiß wovon ich spreche, wenn es um mittelständische Unternehmensstrukturen geht.

Als Universitätsdozent für internationale Finanzfragen ist es für mich immer interessant zu hören, wie junge Studenten die problematische Entwicklung dieser neuen Geld-Elite betrachten. Bei allen Bedenken meinerseits geben diese Erkenntnisse auch wieder Anlass zur Hoffnung.

Es war mein Bestreben, auch dem nicht gelernten Ökonomen die Zusammenhänge der von mir geschilderten Problematik näherzubringen. Aus diesem Grunde finden Sie im Anhang auch eine Tabelle, mit welcher Sie sich etwas zurechtfinden können, was die immer mehr werdenden Nullen für Millionen, Milliarden, Billionen und Trillionen betrifft. Genau in diesen Größenordnungen wird heute gerechnet, vorwiegend aber im CLUB, den ich ihnen nun vorstellen möchte.

Ich danke allen Freunden, welche mir mit Inputs, Anregungen und Ideen das Schreiben leicht gemacht haben.

Einen speziellen Dank an Marlies und Robi.

London, im April 2009

# Der CLUB und die Arroganz des Geldes

Der Hintergrund

Jahrelanges kollektives Versagen vieler Menschen der sogenannten Ersten Welt haben zu einer drastischen Immobilienkrise, zuerst in den USA, dann in Großbritannien, geführt, gefolgt von der größten Finanzkrise seit Jahrzehnten, gefolgt von der wohl größten Wirtschaftskrise seit den Zwanzigerjahren des letzten Jahrhunderts.

So, liebe Leserinnen und Leser, genau hier stehen wir heute.

Wir alle wissen nicht, wohin uns dieser Weg noch führt. Vor allem wissen wir aber nicht, wie schmerzlich dieser Weg für uns alle noch sein wird.

Wir wissen alle nicht, wie lange es noch dauert, bis die ersten Lichtblicke eines möglichen Aufschwungs zu erkennen sind. Wie auch immer, man muss nicht volkswirtschaftlich oder ökonomisch gebildet sein, um zu erahnen, dass die Spuren dieser Krise noch lange sichtbar sein werden. Ich gehe davon aus, dass die wirtschaftlichen Nachwehen noch viele Jahre in unserem täglichen Wirtschaftsleben spürbar sein werden.

Wieso spreche ich vom Versagen vieler Menschen? Welche Menschen meine ich eigentlich? Waren es nicht nur die gierigen Bankmanager? Waren es eigentlich wirklich Menschen, die versagt haben? Hat nicht vielmehr ein System oder haben viele Systeme zusammen versagt?

In Amerika hat alles angefangen, so wie immer.

Im Land der unbeschränkten Möglichkeiten, wo heute noch aus Tellerwäschern Milliardäre gemacht werden, wo Unmögliches möglich gemacht wird, wo die Leistungsbereitschaft einzelner Menschen überdurchschnittlich hoch ist, wo die besten Universitäten der westlichen Welt und gleichzeitig die schlechtesten Volksschulen der westlichen Welt nebeneinander existieren, wo überdurchschnittlich viele durchtrainierte Körper die Straßen bevölkern und gleichzeitig jedes zweite Kind an Fettleibigkeit leidet, wo die besten Spitäler für chirurgische Eingriffe für Privilegierte zu finden sind, wo aber auch jeder vierte Einwohner keinerlei Krankenkassenschutz hat, wo die Sonne in vielen Gebieten über 300 Tage im Jahr scheint, gleichzeitig in den Slums der Vorstädte nur ein Leben im Schatten möglich ist ... Da hat alles begonnen.

Aus Mietern wurden Hausbesitzer gemacht, natürlich ohne eigene Mittel zu besitzen. Die Hypothekenbanker haben den einfachen Leuten auf der Straße respektive in ihren Mietwohnungen vorgemacht, dass man für den Kauf eines Hauses keinerlei eigenes Geld braucht, weil der Wert der Häuser jedes Jahr steigt und steigt und steigt. Gleichzeitig sind die gleichen Leute täglich mit neuen Kreditkartenangeboten überflutet worden, natürlich auch alles gratis. Scheinbar. Man hat stillschweigend angenommen, dass jeder Mensch sich automatisch bewusst ist, dass man nie mehr ausgeben darf, als man einnimmt. Eigentlich logisch, oder?

Aus der Sicht der Menschen, die noch nie etwas Eigenes besaßen – in den USA gibt es mehrere Dutzend Millionen Menschen, auf welche dies zutrifft –, sieht dies vielleicht etwas anders aus. Kann man rein menschlich auch verstehen. Dass diese Situation eine reine Zeitbombe darstellt, war jedem klar, nur wollte dies niemand wahrhaben, weder die betroffenen Hausbesitzer noch die Kreditkartengläubiger noch die hungrigen, wohl besser gesagt gierigen Hypothekenbanker.

Der Hintergrund **15**

Alle suchten nur den Profit, die Gier danach führte dazu, dass alle Systeme außer Kontrolle gerieten.

Wer hat nun also die Schuld, das System, die handelnden Personen? Ich überlasse das Urteil Ihnen, liebe Leserinnen und Leser.

Somit ist die Ursache der Immobilienkrise in den USA erklärt. Es liest sich alles sehr einfach, ich weiß. Aber ich muss Ihnen sagen, es ist auch ganz einfach.

Etwas verlangsamt hat sich dasselbe auch im Vereinigten Königreich abgespielt. Auch da purzeln die Hauspreise ins Bodenlose, auch da werden viele Besitzer wieder zu Mietern. Ganz schlimm ist aber die traurige Tatsache, dass viele ehemalige Mieter, die zu Hausbesitzern avanciert sind, nun weder Besitzer noch Mieter sind, weil sie nicht nur ihr überschuldetes Haus verloren haben, sondern wegen der Finanz- und Wirtschaftskrise auch noch den Job und oftmals eben auch die gesamte Existenz.

Es gibt nun neuestens wieder eine neue Kategorie von Menschen, nämlich die »White Collar«-Bettler.

In dieser Spirale des Schreckens verlieren viele Menschen und auch viele Hypothekenbanken viel Geld. Somit ist der Ausdruck der Immobilienkrise wohl nicht falsch. Die Frage muss aber gestellt werden, ob die daraus resultierenden Verluste so hoch sind, dass es zu einer eigentlichen Finanzkrise führen musste?

Die Antwort ist einfach: Nein.

Einerseits ist das weltweite Geldvolumen im Umlauf dermaßen hoch, dass massive Verluste in regionalen Immobilienmärkten, wie es die USA und auch UK darstellen, niemals zu einer globalen Finanzkrise in diesem Ausmaß führen können. Andererseits gibt es in Verlustsituationen auch immer Gewinner. Nämlich diejenigen Parteien im Wirtschaftsspiel, welche die Schwäche der Verlierer zu Billigkäufen nutzen. Der volkswirtschaftliche Effekt tritt natürlich erst zeitlich verschoben ein. Und trotzdem ist aus der regionalen Immobilienkrise eine globale, also weltweite Finanzkrise entstanden. Warum – kann man sich zu Recht fragen.

Die Hypothekenbanken haben die Risiken nicht allein getragen, so wie man es vermuten könnte und wie es in früheren Jahren auch immer wieder gelebte Praxis der Banken war. Die besagten Geldinstitute haben ihre Forderungen an die Hausbesitzer nämlich an andere Institutionen weiterverkauft, diese haben dieselben Forderungen wiederum, verpackt in schöne Namen wie Derivate, Zertifikate etc., anonymisiert und hochspekulativ weiterverkauft. Das Grundgeschäft, nämlich die hypothekarisch gesicherte Forderung gegenüber den Hausbesitzern in den USA, ist somit aufgebläht und vervielfacht bei Hedge-Fonds, Investmentbanken, Kommerzbanken, Pensionskassen, institutionellen und privaten Anlegern gelandet. Aufgebläht deshalb, weil bei jedem Verkauf Gewinne und Kommissionen dazugeschlagen wurden, und dies in einem nicht geringen Umfange.

Im Fachjargon wird hier von der »Sekurisierung der Hypotheken« gesprochen.

Die kaufenden Institutionen haben sich nicht mehr nach der Bonität dieser Derivate erkundigt. Allein die Tatsache, dass Lehman Brothers oder irgendein anderes bekanntes Institut eminent war, genügte für Investitionsentscheide in Milliardenhöhe. Bei der bekannten Schweizer Bank, UBS, waren es mehrere Dutzend Milliarden.

Plötzlich waren diese Anlagen bei vielen Banken nicht mehr werthaltig. Diese mussten ihre Verluste realisieren oder entsprechende Rückstellungen bilden. Dass viele, zum Teil große Geldinstitute, diese Verluste wirtschaftlich nicht überlebten, zeigt uns, wie groß diese aufgeblasenen Immobiliengeschäfte waren.

Hätte sich dieser Vorgang nur in den lokalen Märkten abgespielt, wäre die Krise auch immer lokal aufgetreten. Dies war aber nicht der Fall. So kam es, dass deutsche Bankinstitute innerhalb ihrer Investmentbankabteilungen solche US-Subprime-Papiere gekauft haben, obwohl dies gar nicht ihrer Investmentpolitik entsprach. Warum? Eben aus reiner Geldsucht.

So entstanden aus lokalen Krisen eben Weltkrisen und dies

Der Hintergrund

unter der Aufsicht sämtlicher nationaler und internationaler Behörden, wie der staatlichen Nationalbanken und vor allem der nationalen Bankenaufsichten. Wohl in der Geschichte einmalig, dass Behörden weltweit zur selben Zeit im selben Umfang global versagten.

Stellvertretend für viele während der letzten Monate untergegangenen Geldinstitute stehen die folgenden:

– **Kaupthing Bank:** Hier handelt es sich um die größte isländische Bank. Am 9. Oktober 2008 stellte die Kaupthing Bank alle Auszahlungen an ihre Kunden sowie die Liquiditätsversorgung für ihre Vertretungen im europäischen Ausland ein. Die Bank wurde verstaatlicht. Am 31. Oktober 2008 wurde ihre Zahlungsunfähigkeit festgestellt.[1]

– In den USA ist zu nennen die **Downey Savings & Loan Association:** Zusammenbruch Ende November 2008, übernommen durch U. S. Bancorp (NYSE: USB). Es handelt sich um den schwerwiegendsten Fall in Newport Beach (Kalifornien), Bilanzsumme 12,8 Milliarden Dollar (10,2 Milliarden Euro), drittgrößter Kollaps 2008 in den USA.[2]

– Der zweitgrößte Bankenzusammenbruch der US-Geschichte war die **Washington Mutual** (kurz WaMu) mit einer Bilanzsumme von mehr als 300 Milliarden Dollar. Die WaMu war eines der größten US-amerikanischen Finanzunternehmen im Bankenbereich mit Sitz in Seattle. Das Unternehmen war im S&P 500 (Standard & Poor's) gelistet. Washington Mutual war im Bereich der Vermögensverwaltung die sechstgrößte Bank der USA mit einem Wert von rund 351 Milliarden Dollar. Der Zusammenbruch datiert am 25. September 2008. Sie wurde in einem Notverkauf von J. P. Morgan Chase übernommen.

– Der drittgrößte Fall der USA ereignete sich am 11. Juli 2008 durch den Zusammenbruch der Hypothekenbank **IndyMac** (Independent National Mortgage Corporation) mit einer Bilanzsumme von 32 Milliarden Dollar. Sie war die größte Spar- und Darlehenskasse im Raum Los Angeles und zugleich siebtgrößter Hypothekenfinanzierer in den USA. IndyMac wurde unter Zwangsverwaltung der Federal Deposit Insurance Corporation (FDIC) gestellt und Anfang Januar 2009 an eine Investorengruppe für 14 Milliarden US-Dollar verkauft.[3]

– Die Rekordpleite legte jedoch die Investmentbank **Lehman Brothers** im September 2008 hin, dies bei einer Bilanzsumme von mehr als 600 Milliarden Dollar. Dies war die größte Unternehmensinsolvenz in der US-Geschichte überhaupt. Sie taucht in der Zählung der größten Bankpleiten gar nicht auf, weil der Konzern nicht der Einlagensicherung unterstand.

Einige bekannte Institute, die nicht ganz verschwunden sind, aber nur mit staatlichen Hilfen überleben konnten, sind:

– **Northern Rock** in Großbritannien im September 2007: Großbritanniens fünftgrößte Hypothekenbank ist das erste britische Institut, das von der amerikanischen Immobilienkrise ernsthaft betroffen ist. Das Institut verfügte Mitte 2007 über 76 Filialen, 1,4 Millionen Kunden und ein Hypothekenvolumen von 145 Mrd. Euro.[5] Am 17. Februar 2008 wurde Northern Rock vorübergehend verstaatlicht.

– **UBS:** Nachdem mehrere Banken in Europa und in den USA staatliche Finanzhilfe erhielten, wurde auch der schweizerischen UBS mit einer Finanzspritze geholfen. Ihr wurden am 16. Oktober 2008 bis zu 60 Milliarden US-Dollar zugesprochen. Ursprünglich war vorgesehen, dass davon maximal 54 Milliarden US-Dollar von der Nationalbank in eine Zweckgesellschaft zum Erwerb von problembehafteten Wertpapieren der UBS fließen. Die Höhe der in die Zweckgesellschaft zu transferierender Aktiven wurde im Februar 2009 auf 39,1 Milliarden US-Dollar reduziert, wovon maximal 35 Milliarden US-Dollar von der SNB (Schweizerische Nationalbank) getragen werden. Der Staat selbst stellt der angeschlagenen UBS 6 Milliarden Franken in Form einer Pflichtwandelanleihe zur Verfügung.[6]

Der Hintergrund

– **Hypo Real Estate (HRE):** Ein bisher noch lange nicht gestopftes Milliardenloch: Oktober 2008: die ersten 50 Milliarden Euro von Banken, Versicherungen und Bundesbank. November 2008: 20 Milliarden Euro Liquiditätsgarantien für Schuldverschreibungen. Dezember 2008: 10 Milliarden Euro für Wertpapiere. Januar 2009: 12 Milliarden Euro für Wertpapiere. Februar 2009: weitere 10 Milliarden Euro als Garantierahmen. März 2009: noch einmal 10 Milliarden Euro Eigenkapitalspritze. Bisher 112 Milliarden Euro! Ende offen.[7] Nicht nur die vielen Kleinanleger der HRE, sondern auch ein Hedge-Fonds-Anleger mit einem Anteil von 24,9 Prozent haben erhebliche Summen eingebüßt: Christopher Flowers. Ihm droht nun die Enteignung. Doch wie der Chef des Finanzmarktstabilisierungsfonds Soffin, Hannes Rehm, der Frankfurter Allgemeinen in einem Interview schon sagte: diese Bank nicht zu retten, hätte schlimmere Folgen als die Pleite von Lehman Brothers.[8]

– **Royal Bank of Scotland (RBS)** wird vollständig verstaatlicht. Die RBS hat das größte Minus eines Unternehmens in der britischen Geschichte eingefahren. Dem Institut fehlten im Jahre 2008 rund 24 Milliarden Pfund. 20.000 Jobs sind in Gefahr.[9]

Prominenter könnten die Namen nicht sein. Sind Sie nicht auch der Meinung?

Durch die Tatsache, dass viele Bankinstitute plötzlich illiquid wurden, haben sich die Banken gegenseitig nicht mehr vertraut, d.h. die Bonität unter den Banken respektive innerhalb des weltweiten Bankensystems wurde in Frage gestellt.

Diese Tatsache war der eigentliche Auslöser der Finanzkrise.

Global natürlich darum, weil bekanntermaßen das heutige Finanzgebaren weltweit getätigt wird und die Teilnehmer weltweit voneinander abhängig sind.

Dies hat sich übrigens bis zum heutigen Tag nicht geändert, obwohl riesige Summen in die Systeme zur Stützung gepumpt wurden.

Natürlich stellt sich auch hier wieder die Frage nach den Schuldigen. Das System, die gierigen Banker, die Dummheit vieler Manager? Wie gesagt, machen Sie sich Ihre eigene Meinung.

Und schon sind wir bei der Frage, wie aus einer weltweiten Finanzkrise eine weltweite Wirtschaftskrise entstehen konnte.

Die Wirtschaft funktioniert nur dann, wenn sie mit Liquidität versorgt wird. Ich möchte diese fundamentalen Tatsachen nicht allzu simpel darstellen, aber im Grunde ist hier der Vergleich mit dem Auto und dem Benzin wohl angebracht.

Durch die Globalisierung sind die Wirtschaftspartner näher gerückt, d.h., dass das Risiko einer Ansteckungsgefahr auch entsprechend größer wurde. Bildlich gesprochen stellt in unserem Fall die Finanzkrise die Krankheit dar. In diesem Fall ist die Krankheit schnell und unerbittlich vorangeschritten.

Heute, wo Sie diese Seiten lesen, ist die globale Wirtschaft immer noch sehr krank, vielleicht spüren Sie es auch in Ihrem eigenen Umfeld. Ich wünsche es Ihnen natürlich nicht, wenn es aber zutrifft, dann gute Besserung!

Obwohl diese Krise äußerst tief und schmerzhaft ist, gehen wir trotzdem davon aus, dass es sich um eine temporäre Situation handelt. Erste Anzeichen einer Besserung sind zu erkennen, es gibt aber keinen Grund zur Euphorie in der jetzigen Zeit. Wie auch immer, es ist temporär, d.h. es wird vorbeigehen, die Kranken werden wieder gesund. Nur diesmal ist die Krise so gravierend, dass viele Gesunde für immer geschwächt bleiben, vor allem aus der staatstragenden Mittelschicht in vielen industrialisierten Ländern.

Nicht temporär sind aber die gefährlichen Entwicklungen und Strömungen in der Finanzwelt, die ich schon seit Jahren mit großer Sorge beobachte. Diese Entwicklungen führen mittel- und langfristig zum Niedergang des Mittelstandes.

Sie werden in den folgenden Kapiteln lesen können, wie wichtig der Mittelstand in praktisch allen Volkswirtschaften ist. Sie werden dann schnell erkennen, dass dieses Problem viel größer und schwerwiegender ist als die zur Zeit bestehende Wirtschaftskrise. Dies ist der eigentliche Grund, warum ich dieses Buch geschrieben habe. Lassen Sie mich dies im Folgenden darstellen.

Das Problem liegt nicht in der momentanen Krise. Das Problem liegt in der grundsätzlichen Verhaltensweise vieler Teilnehmer am Wirtschaftsleben.

Das Problem liegt in der Tatsache, dass in der Volkswirtschaft hart erarbeitetes Geld dem Kreislauf der Volkswirtschaft entzogen wird. Die Volkswirtschaft sind wir, wir alle. Das heißt konkret, ein auserlesener Kreis von Wirtschaftsteilnehmern entzieht der Mehrheit der Menschen die Luft zum Atmen, langsam, aber sicher, Stück um Stück, zum Teil bewusst, zum Teil unbewusst.

Genau das möchte ich Ihnen aufzeigen.

Vordergründig betrachtet geht es den Menschen heute so gut wie nie zuvor. Zu keiner Zeit war die Welt so reich an Geld, Gütern, Rohstoffen und Wissen wie heute. Sicher, die momentane Wirtschaftskrise, die anhaltend hohe Arbeitslosigkeit, die bedrohlichen Budgetdefizite der kommenden Jahre und die Veränderungen in der Bevölkerungsstruktur stellen viele der führenden Wirtschaftsnationen vor erhebliche Herausforderungen.

Auch wenn der Aufschwung in den nächsten Jahren wieder kommt, darf nicht übersehen werden, dass auch innerhalb der wohlhabenden Wirtschaftsnationen, wie Deutschland und die Schweiz es sind, merkbare Spaltungstendenzen existieren.

Die sehr reichen Menschen und die global tätigen Großkonzerne werden immer reicher. Die meisten Staaten und die öffentlichen Sicherungssysteme mit Rente, Gesundheit und Pflege stehen jedoch immer noch und in Zukunft wohl immer mehr vor erheblichen finanziellen Schwierigkeiten.

Die jetzige Krise zeigt auf:

Der bürgerliche Mittelstand ist nicht so gesichert, wie er es sich jahrelang eingebildet hat. Amerika ist weit, dachten wir. Aber wenn dort jetzt reihenweise schlecht gesicherte Kredite für Privathäuser in die Zwangsversteigerung gelangen, ruft dies auch hier über dem Atlantik ein ungutes Grollen im Magen hervor.

Mehr noch:

Mittelständische Unternehmen stellen nicht nur in Deutschland, Österreich und der Schweiz das Gros aller Arbeitsplätze. Doch genau diesen Betrieben wird gerne der Kredithahn zugedreht, unter dem Eindruck der Finanzkrise wird dieses Vorgehen noch mehr die Szene beherrschen.

Dies ist ein Sinnbild dafür, dass die staatstragende Mittelschicht immer ärmer wird. Zahlreiche kleinere und mittlere Unternehmen und deren Mitarbeiterinnen und Mitarbeiter verlieren ihre wirtschaftliche Grundlage.

Dennoch vermehrt sich der Reichtum insgesamt ständig – und anderswo. So stellt sich die spannende Frage:

Was geschieht mit dem sich ständig vermehrenden Geld?

Wo versickern diese Unsummen, von denen wir Normalsterblichen noch nicht einmal zu träumen wagen?

Tatsächlich ist es so:

Diese märchenhaften Geldbeträge werden zunehmend zur Verfügungsmasse einer neuen Geld-Elite, die wie ein eigener internationaler CLUB agiert. Dazu gehören Banken, Pensionskassen, Versicherungskonzerne, Fonds, aber auch viele Privatpersonen und Organisationen.

Das System ist ein geschlossenes, und dies ist der Knackpunkt. Die dort kreisenden Unsummen von Geldern werden der Volkswirtschaft entzogen und stehen den Unternehmungen für Investitionen und Kredite nicht mehr zur Verfügung. Einzige Aufgabe ist, im reichen System neuen, zusätzlichen Reichtum zu zeugen.

Der Hintergrund 23

Ein gesundes Verantwortungsbewusstsein dieser Geld-Elite gibt es nicht mehr. Was dort zählt, ist nur noch die individuelle Gier. Am Ende führt dies zur Katastrophe.

Ich spreche von einer wirklichen Krise, wie wir sie zur Zeit erleben, nicht von einer temporären Situation.

Dieses Buch erzählt die Geschichte dieser Geld-Elite. Aber es versucht auch Wege aufzuzeigen, die eine Eigenverantwortung der Gesellschaft und der Mitglieder dieses CLUBs einfordern.

Zur Einstimmung in das Thema das Beispiel »Deutsche Börse AG«, ein typisches Beispiel in vielerlei Hinsicht.

Anstatt ihr primäres Interesse auf das Funktionieren des deutschen Finanzplatzes zu richten, kümmert sich diese Gesellschaft in erster Linie um die eigene Vermögensentwicklung und den Götzen des Shareholder Value.

Die Gebühren für den Handel an der Deutschen Börse AG sind für viele Marktteilnehmer viel zu hoch. Damit aber wird die notwendige Geldbeschaffung der Unternehmen durch den Handel an der Deutschen Börse AG im eigenen Lande, aber auch in den Nachbarländern, verhindert.

Welche Perversität!

Die Börse sollte eigentlich da sein, um Unternehmen frisches Geld an den Aktienmärkten zukommen zu lassen und die Handelbarkeit der Aktien ihrer Kunden zu ermöglichen. Tatsächlich aber agiert sie in erster Linie in eigener Sache. Darum ist die Deutsche Börse AG naturgemäß auch permanent im Visier der weltweiten »Heuschrecken«.

In einer offen dargestellten Weise informiert der ehemalige Geschäftsführer, Werner Seifert, in seinem 2006 erschienenen Buch über »seinen Fall« Deutsche Börse AG.

Wenn Sie einmal die Liste der prominenten Aufsichtsräte und Manager der Deutschen Börse AG anschauen, dann könnte man meinen, dass aufgrund der Erfahrung, Intelligenz und Kompetenz dieser Leute die Deutsche Börse AG ein wirtschaftliches Vorzeigeunternehmen innerhalb der größten Volkswirtschaft Europas darstellen sollte. Wenn Sie die Gewinne der Firma anschauen, mag dies sogar zutreffen. Wenn Sie die gesetzlich definierten Zielsetzungen und Vorgaben als Maßstab für diese Führungsleute heranziehen, mag dies ebenfalls zutreffen. Wenn Sie die Erwartungshaltung der Aktionäre dieser AG in Betracht ziehen, mag dies ebenfalls zutreffen. Ergo sollte man diese Leute loben und nicht kritisieren.

Stimmt auch. Vielleicht geben sie sogar ihr Bestes. Umso besser. Trotzdem ist genau diese Firma ein Paradebeispiel dafür, wie durch falsches Eigeninteresse vielen volkswirtschaftlich bedeutenden Unternehmen in Deutschland der Zugang zum notwendigen Kapitalmarkt verwehrt wird. Mehr darüber dann in den kommenden Kapiteln.

Die Deutsche Börse AG ist auch ein schönes Beispiel dafür, wie Hedge-Fonds, trotz geringer Beteiligung am Aktienkapital, direkt in die Geschäftsleitung eingreifen und wie sie die Zerschlagung des Konzerns zu hintertreiben versuchen.

Dies ist ein typisches Beispiel für viele Großkonzerne heute, die in die Hände einiger weniger Hedge- und anderer Fonds fallen. Einige wenige geldgierige Fondsmanager bestimmen dadurch über Millionen von Arbeitsplätzen. Einziges Ziel der Hedge-Fonds: Geld.

Nachdem die Deutsche Börse AG auf Druck der Hedge-Fonds den wochenlangen Kampf um die Übernahme der London Stock Exchange aufgegeben hatte, sollte sie auf Betreiben der Hedge-Fonds Atticus und TCI den Anteilseignern die Barmittel-Bestände ausschütten. Dies geschah dann auch. Atticus und TCI gehörten zu den Anteilseignern mit nur gut zehn Prozent der Aktien.

Die »Arroganz des Geldes« wird auch am Beispiel des Hedge-Fonds Amaranth Advisors gut sichtbar. Den Umfang der Gewinne, aber auch der möglichen Verluste bei den hochspekulativen

Der Hintergrund 25

Hedge-Fonds zeigt der amerikanische Hedge-Fonds Amaranth Advisors. Er hat mit seinen Erdgas-Investments 2006 Milliardenverluste eingefahren.

Innerhalb einer einzigen Woche verlor Amaranth Advisors im September 2006 fünf Milliarden Dollar. So sind Vermögenswerte in Höhe von neun Milliarden Dollar Anfang September auf 4,5 Milliarden Dollar geschrumpft. Amaranth Advisors erklärte dies seinen Anlegern lapidar damit, dass er seine Erdgas-Werte »aggressiv reduziere«.

Es fällt mir überhaupt immer wieder auf, mit welch lapidaren und saloppen Redewendungen die Banken und Fondsmanager Verluste in Milliardenhöhe zu rechtfertigen oder auch zu bagatellisieren versuchen.

Auf die volkswirtschaftlich schädigenden Aktivitäten von Hedge-Fonds werden wir im weiteren Verlauf der Ausführungen noch mehrfach stoßen.

Bei steigenden Aktienmärkten versuchen Publikumsgesellschaften immer wieder, Kapitalerhöhungen auf dem Markt zu platzieren. Private Unternehmungen versuchen den Gang an die Börse, verbunden mit einer entsprechenden Geldaufnahme. Dies ist nicht nur verständlich, sondern auch für die Unternehmungen notwendig und somit volkswirtschaftlich sinnvoll.

Die Praxis zeigt aber leider, dass die auf diese Weise eingespielten Gelder oftmals nicht in die Unternehmungen, sondern in die Taschen der Altaktionäre fließen, also in den CLUB – ein volkswirtschaftlich weitgehend schädliches Verhalten.

Hier kurz einige Beispiele (es gäbe Hunderte):

Beim Börsengang der österreichischen Firma C.A.T. Oil wurde die Aktie 25-mal überzeichnet. Die so aufgebrachte Summe lag zwischen 300 und 400 Millionen Euro. Der überwiegende Teil dieser Summe floss zu den Altaktionären, also nicht in die Gesellschaft, was volkswirtschaftlich richtig wäre.

Dasselbe beim Börsengang der bekannten Air Berlin. Da war

die Summe etwas niedriger, aber auch hier landete mehr als die Hälfte der Gelder in den Taschen der Herren Altaktionäre etc. Kapitel 2 wird hierzu ausführlicher berichten.

Beide Beispiele, C.A.T. Oil und Air Berlin, sind aus früheren Jahren.

Ich habe die Entwicklung beider Gesellschaften bis zum heutigen Tage verfolgt. Interessant zu sehen, dass beide Gesellschaften heute froh wären, wenn sie sämtliche Gelder aus der Kapitalerhöhung in der Kasse hätten und somit volkswirtschaftlich genutzt würden, anstelle dessen, dass sie in den Taschen der Großaktionäre gehortet werden.

Die Geldgeschäfte heute weisen zahlreiche Facetten des Handels mit enormen, unvorstellbaren Summen auf. Hier sollte der Leser aufgerüttelt werden, um das ganze Ausmaß des Reichtums erfassen zu können.

Andererseits soll deutlich werden, welche Geldströme tagtäglich auf unglaubliche Weise einfach verschwinden, auf unerklärliche Weise versickern, der Allgemeinheit entzogen werden.

Aus dem Nachzeichnen dieser verschlungenen Wege des Geldes und des Reichtums lässt sich aber auch ableiten, was sich ändern müsste in dieser eigentlich sehr reichen Welt. Es wird sich zeigen, dass es nicht utopisch ist, sondern dass es Wege und Möglichkeiten gibt, um den Reichtum in Bahnen zu lenken, wo er nicht nur einigen wenigen, sondern vielen Menschen nützt. Als Basis für eine lang anhaltende Prosperität vieler Volkswirtschaften dieser Erde – denn nur so ist langfristig unser wirtschaftliches Überleben sichergestellt. Nur so kann der Kapitalismus erfolgreich existieren. Oder wollen Sie mit viel Reichtum allein in der Wüste leben?

Worum geht's?

Die Welt war, wie bereits erläutert, seit ihrer Entstehung noch nie so reich an Geld, Gütern, nutzbaren Rohstoffen und auch an Wissen. Trotzdem ist die Mehrheit der Menschen arm, ja zum Teil lebensbedrohlich arm.

Wenn man davon ausgeht, dass diese Probleme immer größer werden, dann ist es wohl nicht schwer zu erkennen, dass Lösungen gefunden werden müssen. Die betroffenen Völker und Länder dieser Welt sind wohl kaum in der Lage, die Probleme allein zu lösen. Sie können lediglich einen Teilbeitrag leisten.

Ob es uns gefällt oder nicht, die globale Vernetzung zwingt uns zur Hilfe, wollen wir unseren Lebensstandard halten. Einmal abgesehen von rein moralischen, menschlichen Aspekten, denen wir uns wohl auch nicht ganz verschließen können und wollen.

Dies muss unser Ziel sein.

Dafür notwendig sind starke volkswirtschaftliche Strukturen, die auf permanenten und soliden Strukturen aufgebaut sind. Nur so kann die Wirtschaftskraft eines Landes nachhaltig gesichert werden, nur so kann ein industrialisiertes Land eine starke wirtschaftliche Rolle innerhalb der Weltgemeinschaft innehaben.

Dies wiederum funktioniert nur dann, wenn die politischen Rahmenbedingungen stimmen, die Menschen beschäftigt sind, sozialer Friede herrscht und vor allem der finanzielle Reichtum der Menschheit insgesamt so aufgeteilt ist, dass es die Mehrheit der Einwohner eines Landes auch als gerechtfertigt empfindet. Auf die Wahrnehmung im Volk kommt es an, nicht nur auf den absoluten Reichtum.

Dass dies nun aber so ist, wie es sein sollte, stelle ich ernsthaft in Frage.

Seit über zehn Jahren schon gibt es in praktisch allen industrialisierten Ländern entgegengesetzte Strömungen und Bewegungen, die schließlich zur Aufteilung in Reich und Arm führen.

Die staatstragenden Schichten vieler Volkswirtschaften – nämlich der bürgerliche Mittelstand – verarmen mehr und mehr.

Gerade in den USA, zunehmend aber auch in unseren Breitengraden, geht die Angst vor einem sozialen Abstieg um. Gerade dort kann man beobachten, wie rasant der Weg nach unten vor sich gehen kann. Und mit einiger zeitlicher Verzögerung schwappen die Entwicklungen in Amerika nun auch nach Europa über.

Die finanzielle Potenz des Staates nimmt als Folge davon ab. Übrig bleibt eine kleine Zahl von cleveren und zugleich gierigen Überreichen in einem verarmten Staat. Die Folgen sind unschwer abzusehen, die Geschichtsbücher sind voll davon.

Was diese CLUB-Mitglieder nicht verstehen wollen, ist die Tatsache, dass in einer verarmten Gesellschaft auch ihr Reichtum nur noch relative Bedeutung haben wird.

Dieses Buch versucht genau diese Probleme aufzuzeigen, die heute in vielen Industrieländern zu erkennen sind. Es geht auch darum, mögliche Lösungswege anzusprechen. Dies im vollen Bewusstsein, dass kein Mächtiger gerne Macht verliert und dass kein Reicher gerne arm wird.

In meinen Überlegungen zu diesen Zuständen bringe ich viele Kritikpunkte an. Es geht mir vor allem darum, die interessierte Leserschaft auf diese Problematik aufmerksam zu machen: Solange die Menschen das Problem nicht erkannt haben, werden sie auch keine Lösungen suchen.

Ich bin mir aber sicher, dass doch viele Menschen mir ihrer Intelligenz und ihrer Lebenserfahrung die Probleme auch selbst erkennen können.

Allerdings:

Es liegt im Naturell des Menschen, unangenehme Themen und unangenehme Seiten des Lebens aus ihrem Bewusstsein auszublenden, zur Seite zu schieben. Überdies kommt hinzu, dass viele der hier angesprochenen Personen, die das Problem erkannt haben, auch selber betroffen sind. Sie gehören dem CLUB an. Ist es doch die CLUB-Mitgliedschaft, die vielen Leuten den hohen Lebensstandard überhaupt ermöglicht, auch wenn es nur kurzfristigen Charakter hat.

Warum sollen sich diese Leute überhaupt diesem Thema widmen?

Dass sich ihre Situation möglicherweise auch zum Schlechteren ändern könnte, glauben sie sowieso nicht. Was mittel- und langfristig auf sie zukommen kann, interessiert sie erst recht nicht.

Dass sich aber die wirtschaftliche Situation für jeden sehr schnell ändern kann, zeigen folgende beiden Beispiele:

Auf dem europaweit größten Finanzplatz – London – gibt es mehrere Hunderttausend Investmentbanker, Broker, Vermögensverwalter. Viele dieser Leute sind im Vergleich zu den übrigen Branchen fürstlich bezahlt, mindestens war dies über Jahre so und wird mit Sicherheit in wenigen Jahren auch wieder kommen, vielleicht auf einem etwas tieferen Lohnniveau, nein nicht vielleicht, mit Sicherheit!

Entsprechend ist auch der Lebensstandard. Materieller Luxus – und nur der zählt bei dieser Spezies von Mensch – lässt sich vielseitig nach außen zeigen. Immer zuoberst stehen erfahrungsgemäß die Luxusimmobilien.

Der Immobilienmarkt in London – natürlich nur in den vornehmen Gegenden – ist direkt abhängig von den weltweiten Finanzmärkten. Die Preisfluktuationen der einzelnen Objekte stehen in einem direkten Zusammenhang mit der Entwicklung der Börsen. Das heißt heute: mit der Entwicklung der Spekulation. Dies wiederum bedeutet nichts anderes, als dass die Höhe der monatlichen Mietkosten der Menschen in den guten Wohngegenden von London von den weltweiten Finanzspekulanten bestimmt wird.

In der jetzigen Wirtschaftskrise zeigt sich dieses Phänomen natürlich in einem unaufhaltsamen Abwärtstrend. Was während der letzten Jahre in der »Hausse« volkswirtschaftlich schädigend war, ist heute in der Wirtschaftsbaisse genauso schädlich, obwohl die Vorzeichen genau umgekehrt sind.

Die Londoner Investmentbanker, welche während Jahren nur noch im CLUB investiert haben, sind heute pleite. Dies bedeutet wiederum, dass sie heute zur volkswirtschaftlichen Entwicklung nur noch wenig beitragen können. Man könnte auch zynisch sagen: In guten wie auch in schlechten Zeiten haben sie der Mehrheit der Menschen nur geschadet, sicher mehr geschadet als genützt, um dies höflicher auszudrücken.

Hier noch ein anderes Beispiel:

Der beliebteste Ort der Deutschen für ihre Zweitwohnungen oder Ferienhäuser ist die Mittelmeerinsel Mallorca. In der zweiten Hälfte der Neunzigerjahre kauften die CLUB-Mitglieder zu Tausenden Villen und Wohnungen an den besten Lagen in Mallorca. Der Preis spielte keine Rolle, solange die Kurse am Neuen Markt in Deutschland nur in eine Richtung zeigten: nach oben.

Im Jahre 2000 brach der Markt völlig zusammen.

Ja, Sie wissen, was jetzt kommt ...!

Diese gut betuchten Leute sind aber nicht nur CLUB-Mitglieder. Der Luxus muss bezahlt werden. Dies wiederum stärkt die Volkswirtschaft.

Wer kritisiert, muss auch versuchen, Lösungen zu bringen. Wir alle wissen, so einfach ist dies nicht, sonst wären viele Probleme schon gelöst.

Trotzdem muss in diesem Buch dieser Versuch unternommen werden.

Wenn ich immer wieder den Standort Deutschland erwähne, hat dies seinen Grund. Einerseits ist Deutschland die stärkste Volkswirtschaft im westlichen Europa, andererseits hatte ich als Autor dieses Buches Zugang zu vielen Quellen aus Deutschland, einem Land, mit dem ich selber seit Jahren beruflich und somit auch wirtschaftlich sehr verbunden bin.

Natürlich spreche ich über dieses Thema viel mit meinen Freunden. Ich tue dies natürlich auch aus dem Grunde, um festzustellen, wie Direktbetroffene auf meine Anregungen und Kommentare reagieren. Mit dem Wort Direktbetroffene meine ich die Mitglieder im CLUB.

Nicht wenige sind der Meinung, dass meine Anregungen sozialistisches Gedankengut beinhalten.

Weit verfehlt.

Meine Geisteshaltung ist geprägt von der Überzeugung, dass der Kapitalismus möglicherweise nicht gut ist, aber dennoch die beste Lebensgrundlage darstellt, die es gibt.

Also geht es darum, dieses kostbare Gut zu bewahren. Dies genau ist der Punkt. Die meisten Mitglieder im CLUB fühlen sich selber als Kapitalisten, merken aber in ihrem krankhaften Drang nach dem unendlichen Geld nicht, wie sie selber sich die Grundlagen entziehen.

Falls Sie dies, liebe Leserinnen und Leser, nun bereits verstanden haben, können Sie das Buch weglegen. Falls nicht, lesen Sie weiter. Sie werden es nicht bereuen.

Der CLUB der Geldvermehrer

Kapitel 1: Die Schäfchen ins Trockene bringen

Dieses Kapitel handelt von Leuten, die »es« geschafft haben – würden diese Leute selber sagen.

Man kann diese Leute aber auch als eine besondere Gruppe von Menschen bezeichnen, deren Lebensumstände in gewisser Weise auf uns Außenstehende beeindruckend wirken.

In diesem Buch werden sie als die Mitglieder eines besonderen CLUBs bezeichnet, eines CLUBs, der es über die ganze Welt hinweg schafft, Geld einzusammeln, anzuhäufen, sich in die Taschen zu stecken und auf Nimmerwiedersehen verschwinden zu lassen.

Oder – um es seriös und ökonomisch korrekt zu bezeichnen – es den Volkswirtschaften und damit uns allen zu entziehen.

Was ist der CLUB und wer gehört dazu?

In den Ländern mit gewachsenen industriellen Strukturen, wie Deutschland, England, Österreich, Schweiz, Frankreich und so weiter, wird die Volkswirtschaft heute weitgehend von mittelständischen Strukturen, sprich: Unternehmen, geprägt und somit auch getragen.

In Deutschland wie auch in der Schweiz sind fast 80 % der Arbeitnehmer in kleineren und mittleren Unternehmen beschäftigt und nicht in Großkonzernen. Noch genauer zeigt dies für Deutschland Tabelle 1 auf der nächsten Seite.

Fast hundert Prozent aller Unternehmen in Deutschland gehören demnach zum Mittelstand, sind also kleine und mittlere Unternehmen. Dazu sind Unternehmen zu zählen, die weniger als 500 Beschäftigte und einen Umsatz von weniger als 50 Millionen Euro haben.

Anteil des Mittelstands in Deutschland an ...	Anteil
... Unternehmen	99,7 %
... Umsatz	43,2 %
... Bruttowertschöpfung	48,8 %
... Erwerbstätigen	79,4 %
... sozialversicherungspflichtig Beschäftigten	77,2 %
... Auszubildenden	81,9 %
... Unternehmensinvestitionen	46,0 %
... Forschungs- und Entwicklungsaufwendungen der Wirtschaft	12,2 %

Quelle: Institut für Mittelstandsforschung der Universität Mannheim 2000
Tabelle 1: Die Bedeutung der mittelständischen Unternehmen in Deutschland

Die Großunternehmen spielen also zahlenmäßig eine sehr geringe Rolle. Der Mittelstand ist auch der bedeutendste Arbeitgeber in Deutschland. Fast 80 % aller Beschäftigten und mehr als 80 % aller Auszubildenden sind in mittelständischen Unternehmen angestellt.

Analoges gilt für die Schweiz und Österreich.

Somit besteht ein logischer Zusammenhang zwischen der wirtschaftlichen Stärke einer industrialisierten Volkswirtschaft und dem Wohlergehen derjenigen Menschen dieses Landes, die in kleinen und mittleren Unternehmen beschäftigt sind, als Arbeitgeber wie auch als Arbeitnehmer.

Anders formuliert: Je besser es dieser Mehrheitsschicht geht, umso eher ist das Land in der Lage, in der Weltgemeinschaft eine wirtschaftlich starke Rolle zu spielen.

Und nur aus der Stärke heraus sind wir in der Lage, die globalen Probleme, die uns allen gestellt werden, lösen zu können und nicht nur diejenigen der »Dritten Welt«.

Während der letzten Jahre hat sich dieses Bild nun aber drastisch verändert:

– Die staatstragende Mittelschicht wird immer ärmer. Übermäßig viele kleine und mittlere Unternehmen und deren Mitarbeiter verlieren die wirtschaftliche Grundlage. Mehr und mehr Arbeitslose stammen aus kleinen und mittleren Unternehmen und nicht mehr – wie früher – aus Großkonzernen. Denn die wurden »umstrukturiert«, das heißt von der »Bürde« der vielen Beschäftigten entlastet.

– Dagegen werden die vermögenden Personen und die global tätigen Großkonzerne immer reicher und noch vermögender. Sicher gibt es nun wegen der anhaltenden Wirtschaftskrise große Einschnitte in vielen Konzernen, sei es in Bezug auf die momentanen Gewinne, die Kapitalbasis oder auch das Ausschüttungspotenzial. Dies ist temporär, wie wir wissen. Am Trend an und für sich ändert sich nichts.

– Die Staaten und Kommunen sind mehr oder weniger pleite. Das mag für die Schweiz nicht zutreffen, beim restlichen Europa aber auf jeden Fall.

Haben Sie sich in diesem Zusammenhang schon einmal gefragt, wie die G-20-Staaten ihre beschlossenen Hilfspakete in der Höhe von Milliarden und Billionen (!) überhaupt finanzieren können? Welche Auswirkungen dies auf die Staatsverschuldung hat? Wer diese Schulden einmal zurückzahlen kann?

Wenn Sie in Ihrem Land genau aufpassen, hören Sie bereits die Maschinen der Notenpressen der Nationalbanken!

Die Geschichte sollte uns lehren, dass dies nicht gut herauskommen wird.

– Die Staatsverschuldung, gemessen am Bruttoinlandsprodukt (BIP), wird vor allem in den wichtigen Industrieländern immer größer, und zwar stetig steigend. Die USA weltweit und Deutschland europaweit stehen repräsentativ für viele andere.
– Die Zahlungsbereitschaft dieser Länder nimmt ebenfalls ab. Dies schwächt vor allem die Position dieser Länder in der internationalen industrialisierten Staatengemeinschaft.
– Die staatlichen Rettungsaktionen in vielen Ländern, vor allem im Jahre 2009, in der Höhe von Billionen (!), verschlimmern dieses Bild noch drastisch. In den kommenden Jahren müssen die einzelnen Volkswirtschaften noch zusätzlich den Zinsendienst und die Amortisationen dieser gesprochenen Gelder erwirtschaften.
– Wer soll dies tun? Die Volkswirtschaften. Also, die Millionen von mittelständischen Unternehmungen und deren Arbeitnehmer? Auch wenn dies noch gelingen sollte, die staatstragenden Mittelschichten werden langfristig stark geschwächt.

Und all dies in einer Situation, in der es weltweit – historisch gesehen – noch nie so viel Geld, so viele allgemeine Vermögenswerte und vor allem nutzbare Rohstoffe gegeben hat! Rohstoffe mit einem so hohen Marktwert, der noch vor wenigen Jahren als unrealistisch, ja als unglaubwürdig bezeichnet wurde. Dazu gehören Gold, Öl, Gas, Stahl, Kupfer etc.

Wie ist dies möglich? Wie konnte es dazu kommen? Vor allem aber: Wie kann dieses Problem gelöst werden? Dies sind Fragen, die es zu beantworten gilt.

Das Phänomen liegt in der Tatsache, dass sich in den letzten Jahren eine neue menschliche Spezies herangebildet hat, eine neue Art von Geld-Elite, die es sich leisten kann, die volkswirtschaftlichen Gegebenheiten zu vernachläßigen, ja sogar zu ignorieren. Eine Elite von Besitzenden, die sich innerhalb einer eigenen Welt Gleichgesinnter bewegt und sich als oberstes Ziel lediglich der kontinuierlichen Geldvermehrung verschrieben hat.

Es entstand dabei eine spezielle Art der *Arroganz des Geldes,* Geld, das sich nur innerhalb eines eigenen, elitären Kreises vermehrt. Diesen Kreis nenne ich in diesem Buch den CLUB.

Ähnliche Entwicklungen innerhalb des menschlichen Daseins gab es immer wieder. So sind elitäre Sportclubs, Brudergemeinschaften, religiöse Verbände ganz ähnlich strukturiert. Nur mit der großen Ausnahme, dass durch die zu erwartenden Auswirkungen dieser Fehlentwicklungen – so bezeichne ich diese neue Geld-Elite – die Weltgemeinschaft und somit wir Menschen auf massive Weise in wirtschaftliche Bedrängnis geraten.

Reiche Leute gab es immer, und dies ist auch gut für die Allgemeinheit.

Wir alle brauchen starke Leistungsträger mit hohem wirtschaftlichen Potenzial. Viele der reichen Mitmenschen haben aber ihr Vermögen durch Arbeit verdient und vermehrt, und somit unterscheiden sie sich grundsätzlich von dieser neuen Geld-Elite.

Das Hauptproblem liegt darin, dass die Gelder und somit die Geldvermehrung weitgehend außerhalb der jeweiligen Volkswirtschaften ablaufen, nämlich im CLUB, und natürlich nur spekulativ. Ist ja selbstredend, oder?

Wir können die Auswirkungen dieser Entwicklung schon seit Jahren selbst miterleben: Der Aufschwung der Jahre vor der Wirtschaftskrise ist nur bei wenigen Leuten angekommen. Viele Menschen auf der Straße merkten nichts davon. Im Gegenteil. Sie arbeiten die ganze Woche zu einem Lohn, der so niedrig ist, dass dieser Lohn vom Staat aufgestockt werden muss, damit sie überhaupt einigermaßen davon leben können.

Betreffend »Schwächung« der Volkswirtschaft folgt hier ein kurzer Exkurs hinsichtlich der Lohnsituation in Deutschland.

Ehemals ein Hochlohnland, hat sich in Deutschland der Wettlauf um die billigsten und geringsten Löhne verselbständigt. In Tabelle 2 stehen drei wichtige Städte in Deutschland – Berlin, Frankfurt, München – beim Bruttolohnniveau noch ganz gut da im Vergleich mit anderen Industrieländern.

Beim Nettolohn jedoch schrumpft das Niveau schon sehr deutlich. Darüber hinaus bedeutet der Nettolohn in dieser Tabelle nicht, dass er insgesamt für den privaten Konsum verwendet werden könnte. Denn dabei wurden sogenannte »versteckte« Steuern und Abgaben – zum Beispiel etwa die Mehrwertsteuer – nicht herausgerechnet. Diese Belastungen müssen aus dem verfügbaren Nettolohn noch beglichen werden.

Dazu passt die Schlagzeile im Spätsommer 2007: »Kaufkraft der Löhne ist nicht höher als vor 20 Jahren!«

Die Zeitung »Bild« berichtete über die Entwicklung der »Nettorealverdienste«. Die aufgezeigte Entwicklung ist in ihrer Darstellung aber mit Vorsicht zu genießen. Wichtige Faktoren bleiben bei der Deutung ausgeblendet; andere werden überinterpretiert. Im Einzelnen:

Natürlich, 1986 und 2006 können nicht so ohne Weiteres verglichen werden. 20 Jahre zurück, das war noch vor der Wiedervereinigung in Deutschland. Die Bevölkerungszahlen sehen heute also anders aus, auch das gesamte Wirtschaftsgefüge hat sich verändert. Außerdem muss man einberechnen, dass es sich um Durchschnittszahlen handelt.

Tatsächlich aber gab es 1986 weder Hartz IV noch gab es so viele Menschen, die zu Niedrigstlöhnen arbeiten mussten. Gerade diese Einkommen an der niedrigsten Untergrenze zwingen die Durchschnittslöhne auf ein Niveau, das heute nicht mehr als auskömmliches Einkommen bezeichnet werden kann. In Zahlen sieht dies so aus, dass im Jahre 1986 die Reallöhne durchschnittlich bei 15.785 Euro jährlich lagen. Im Jahre 2006 aber war nur eine Steigerung dieses Betrags von kläglichen sechzig Euro zu verzeichnen, nämlich auf 15.845 Euro.

Was ist der CLUB und wer gehört dazu?

Städte[1]	brutto Zürich = 100	netto Zürich = 100
Kopenhagen	102,7	77,0
Oslo	101,7	89,2
Zürich	100,0	100,0
Genf	96,5	92,9
New York	86,9	80,5
London	77,5	77,3
Chicago	76,8	76,3
Dublin	76,7	84,2
Frankfurt	*76,1*	*68,8*
Brüssel	75,4	62,9
Los Angeles	75,0	78,1
München	*73,8*	*68,0*
Helsinki	73,8	71,7
Berlin	*73,3*	*66,1*
Luxemburg	73,0	79,0
Stockholm	70,1	62,0
Wien	68,4	65,4
Tokio	67,8	70,4
Amsterdam	67,0	58,5
Sydney	64,8	64,1
Toronto	64,5	64,8
Montreal	64,4	62,2
Lyon	60,0	56,7
Paris	59,6	55,4

[1] Reihenfolge entsprechend der Indexhöhe brutto

Tabelle 2: Lohnniveau einiger Länder im Vergleich zu Deutschland 2006

Die Meldung über die stagnierenden Einkommen stammt offenbar aus einer Statistik des Bundesarbeitsministeriums selbst, wonach die Nettoreallöhne so niedrig sind wie seit zwanzig Jahren. Ein Arbeitnehmer in Deutschland verdient demnach durchschnittlich und »auf die Hand« 1.320 Euro im Monat. Das sind nur fünf Euro mehr als vor zwanzig Jahren.

Betrachtet man die Steuer- und Abgabenzahlungen, findet man auch die Begründung für diesen Zustand. So wurden 1986 durchschnittlich 5.607 Euro Steuern und Abgaben bezahlt. Im Jahr 2006 waren es 9.291 Euro und damit 66 % mehr als 1986.

Demgegenüber ist die Lohnentwicklung in diesem Zeitraum weit ins Hintertreffen gelangt. »Lohnzurückhaltung« hört man allenthalben. So stiegen demgemäß die Bruttolöhne im selben Zeitraum nur um etwa 48 %.

Das Bundesministerium hat die Meldung jedoch gleich zurechtgerückt: Der Nettorealverdienst je Arbeitnehmer sei ein gesamtwirtschaftlicher Indikator, der weder überinterpretiert noch unsachgemäß behandelt werden dürfe. Die Bildzeitung verstoße dagegen mehrfach, weil die Daten verkürzt wiedergegeben und einzelne Faktoren über- oder falsch interpretiert würden.

Außerdem: Der Vergleich zwischen 2006 und 1986 sei unzulässig, weil hier westdeutsche Ergebnisse (1986) mit gesamtdeutschen Ergebnissen (2006) verglichen würden.

Allerdings ändert dies nun nichts daran, dass eben tatsächlich die Durchschnittszahlen in Gesamtdeutschland so schlecht aussehen. Und Durchschnittslöhne sind es sowohl für 1986 als auch für 2006.

Das Ministerium verwahrt sich auch dagegen, dass der Staat »dreister in die Tasche« greife. Tatsächlich könne derselben Statistik entnommen werden, dass die Entwicklung der Nettoquote der Löhne und Gehälter, also das Verhältnis aus Nettolohn zu Bruttolohn, seit zehn Jahren stabil sei. Der Staat habe also seit zehn Jahren nicht stärker zugegriffen.

Dies mag schon sein. Aber was war in den zehn Jahren davor?

Durch die Finanzierung der Deutschen Einheit gab es eine Reihe von Erhöhungen. Neben dem Solidaritätszuschlag auf die Lohn- und Einkommenssteuer wurden auch die Beiträge zur Renten-, zur Arbeitslosen- und zur Krankenversicherung erhöht. Als neue Sozialversicherung wurde 1995 die Pflegeversicherung eingeführt.

Besonders problematisch und vor allem ärgerlich dabei ist, dass Unsummen an sogenannten versicherungsfremden Leistungen angefallen sind. Weil es so schön einfach ist für die Politik, wurden einfach die Milliarden in den Sozialkassen verwendet, um die Einheit zu finanzieren.

Die Beitragszahler finanzieren also Kosten, die eigentlich alle Steuerzahler tragen müssten.

Gerade die aber, die zusätzliche Kosten am wenigsten schmerzen würden, nämlich die sogenannten »Besserverdienenden«, die gar nicht in die Sozialkassen einzahlen, weil sie eben so viel verdienen – gerade diese Gruppe beteiligt sich nicht an der Einheitsfinanzierung. Müssen sich nicht beteiligen, der Staat wälzt das alles auf die Sozialversicherten ab.

Hier sind wir wieder einmal mit dem CLUB in Kontakt getreten. Denn natürlich gehören dessen Mitglieder nicht zu den deutschen Sozialversicherten.

Wo liegen die Ursachen? Zum einen lesen wir von Millionenhonoraren der Topmanager, von versickernden Milliarden im CLUB, zum anderen aber sind wir kaum bessergestellt als vor zwölf Jahren. Da überwand der DAX beispielsweise gerade mal die Marke von 4000 Punkten. Am 6. März 2009 war der Aktienindex in Deutschland auf einen neuen Tiefststand von 3.666 Punkten gesunken. Auch die durchschnittlichen Monatsverdienste der Arbeitnehmer stiegen kaum mehr als die Inflationsraten. Oftmals lagen die jährlichen Steigerungen sogar unterhalb der Inflation, waren also real Lohnsenkungen.

Wer gehört nun zu diesem Kreis der elitären Geldvermehrer?

In einem normalen Club gibt es Mitglieder, und daneben gibt es Menschen, die eben nicht Mitglieder sind. Im elitären CLUB der Geldvermehrer ist die Sache etwas komplizierter. Eine eigentliche Mitgliederliste gibt es nicht, da die Übergänge zwischen Mitgliedschaft und Nichtmitgliedschaft fließend und damit verschwommen sind.

In jedem Fall dazu zu zählen – und zwar in einem gewaltigen Ausmaß – sind

- die Finanzhäuser, sprich: Banken,
- die Versicherungskonzerne, die wie Banken operieren,
- die Pensionskassen,
- die Fonds und fondsähnlichen Gebilde,
- die Hedge-Fonds, d.h. das Krebsgeschwür der freien Marktwirtschaft,
- die Finanzabteilungen großer Industriekonzerne,
- die global tätigen Verbände und Institutionen, die mehr Geld verwalten, als für ihren eigentlichen Zweck notwendig ist,
- viele kirchliche Organisationen,
- Privatpersonen.

Alle diese Unternehmungen und Institutionen verfolgen grundsätzlich ihren zugewiesenen Zweck. Dies ist unstreitig und volkswirtschaftlich auch von großer Bedeutung. Arbeitsplätze werden geschaffen, Steuern und Abgaben werden bezahlt und vieles mehr.

Solange diese Institutionen genau dies machen, gehören sie nicht zum CLUB. Sie stützen mit ihrem Dasein die Volkswirtschaft und somit uns alle, unser Gemeinwesen. Problematisch wird es aber dann, wenn dies nicht mehr oder nur noch zum Teil geschieht.

Problematisch ist es auch dann, wenn CLUB-Mitglieder plötzlich pleite sind, wie bei der Kategorie Banken dies nun leider im

Jahre 2009 gleich haufenweise eingetreten ist. Die Banken sind pleite gegangen, weil sich die Führungskräfte volkswirtschaftlich schädlich verhalten haben. Die dadurch vernichteten Arbeitsplätze schaden der Volkswirtschaft erneut, dies bedeutet, dass die verantwortlichen Banker in guten wie auch schlechten Zeiten nur Schaden anrichten, außer an sich selber. Sicher haben sie mindestens ihre Ansprüche rechtzeitig ins Trockene gebracht. Mit rechtzeitig ins Trockene bringen meine ich vor der frühzeitigen Pensionierung, vor der Aufnahme der selbständigen, hochbezahlten Beratertätigkeit oder vielleicht auch vor dem Antritt der verdienten Gefängnisstrafe!

Ein perfektes globales System der Geldvermehrung

Das folgende Beispiel verdeutlicht die hier angeprangerten Praktiken, durch die Unmengen an Geldern im CLUB verschwinden und nie mehr der Volkswirtschaft und dem allgemeinen gesellschaftlichen Wohlstand zur Verfügung stehen:

Die Bank X erhält Liquidität durch Spareinlagen und Kontokorrenteinzahlungen ihrer Kunden. Die Bank erhält weitere Liquidität durch die Ausgabe von Obligationen und ähnlichen Anleihen.

Diese Gelder werden nun den Kunden der Bank nicht wieder in Form von Krediten zur Verfügung gestellt, was volkswirtschaftlich sinnvoll und notwendig wäre, sondern spekulativ in hochrentable Geldanlagen gesteckt, nur um die Eigenkapitalrendite der Bank zu erhöhen. Einfach ausgedrückt bedeutet dies, dass Gelder dem volkswirtschaftlichen Nutzen entzogen werden, um die Rendite der Anteilseigner der Bank zu erhöhen.

Der kreditsuchende Unternehmer erhält den notwendigen Betriebskredit nicht, da die Gelder der Bank X nie mehr in den volkswirtschaftlichen Kreislauf zurückfließen. Die der Volkswirtschaft entzogenen Gelder verschwinden für immer im CLUB.

Das Geld wird in Anlagen investiert, die kaum Wertschöpfung bringen, vielfach nur spekulativen Charakter aufweisen und lediglich zur Geldvermehrung der Konzerne dienen.

Dies wird auch belegt durch die in den Jahresrechnungen vieler Publikumsgesellschaften ausgewiesenen Finanzerträge. Interessant zu sehen ist die Tatsache, dass die Finanzerträge auch steigen, wenn die Weltwirtschaft leidet; oder anders gesagt, der CLUB kann es sich leisten, sich nicht um die elementaren Bedürfnisse der Menschheit zu kümmern.

Aus Sicht der Manager dieser Konzerne sieht dies natürlich ganz anders aus:

Neben einem komfortablen Grundgehalt erhalten sie jährlich einen Bonus, der direkt abhängig ist von der eigenen Leistung und in der Regel der Ertragsentwicklung des Konzerns oder ihrer Sparte. Es gibt die verschiedensten Modelle. Diese Leute wissen natürlich auch, dass es im CLUB mehr Geld zu verdienen gibt, entsprechend ist ihre Haltung verständlich.

Der Aktionär, also der Anteilseigner des Konzerns, verhält sich genau gleich, auch er sieht, wie seine Dividende und der Kurs seiner Aktie stetig steigen. Auch er erfreut sich an den Annehmlichkeiten des CLUBs.

Wer sind denn die Anteilseigner dieser Konzerne?

Die meisten Bank- und Versicherungskonzerne haben ein weit gestreutes Aktionariat. Es sind jeweils Tausende von Aktionären. Die nähere Betrachtung zeigt aber, dass kapital- und stimmenmäßig die institutionellen Anleger die Konzerne besitzen.

Der geneigte Leser ahnt es schon.

Es sind wieder die Banken, die Versicherungskonzerne, die Pensionskassen, die Fonds. Und alle haben eines gemeinsam: Sie sind alle Mitglieder im CLUB, oder eben anders gesagt, die CLUB-Mitglieder besitzen sich gegenseitig.

Viele Leserinnen und Leser werden auch Aktien besitzen. Sie

werden sich also fragen, was denn so schlimm daran ist, wenn im CLUB Aktienvermögen angesammelt wird? Sie tun es ja auch. Stimmt.

Das Problem liegt darin, dass diese Anlagen, seien es Aktien oder andere Anlageformen, geldmäßig in den meisten Fällen nicht in die Unternehmungen fließen. Dies bedeutet, dass die Wirtschaft mit diesen Geldern nicht arbeiten kann. Wenn Aktien im Rahmen einer Kapitalerhöhung gezeichnet werden, trifft dies nicht zu. Nur – dies ist nicht die Regel.

Die Anlagen im CLUB sind praktisch immer rein spekulativ. Sie werden getätigt in der Hoffnung, dass die Kurse permanent steigen. Der Anleger spekuliert und nimmt das Risiko in Kauf, dass er auch verlieren könnte, was auch immer wieder passiert. Auch im CLUB gibt es immer wieder Gewinner und Verlierer.

Das Wort Spekulation ist mit etwas Negativem behaftet. Darum wollen die Mitglieder im CLUB natürlich auch nicht Spekulanten genannt werden. Menschlich eigentlich verständlich.

Der einzige volkswirtschaftliche Nutzen bei der Spekulation sind die Abgaben und Steuern, die bezahlt werden, sofern sie dann auch bezahlt werden, sowie die Gehälter und sonstigen Verwaltungsausgaben der Spekulanten, bitte entschuldigen Sie, der Mitglieder im CLUB.

Diese Summen stehen aber in keinem nur annähernd vernünftigen Verhältnis zu den investierten Summen im CLUB. Bei erzielten Verlusten im CLUB schmälert sich dieser volkswirtschaftliche Nutzen dann auch gleich wieder.

Bei global tätigen erfolgreichen Industriekonzernen haben die Finanzanlagen und somit die Finanzerträge auch schon eine Größenordnung erreicht, in der das eigentliche Kerngeschäft mindestens zahlenmäßig eher eine untergeordnete Rolle spielt.

Der amerikanische Konzern General Motors war vor der Krise, wohlverstanden, ein typisches Beispiel dafür. Seine Finanztochter GMAC war wesentlich stärker als alle Automobilsparten. Diese Situation ist grundsätzlich unternehmerisch nicht problematisch. In vielen Fällen unterliegen Industriekonzerne großen konjunkturellen Schwankungen. Somit sind Finanzreserven außerordentlich wichtig, um überhaupt als Konzern überleben zu können.

Die Frage der volkswirtschaftlich sinnvollen Geldanlage stellt sich eher bei Industriekonzernen, die in den Hauptsparten über genügend Ertragskraft verfügen. Viele Konzerne nutzen diese Gelder, um Übernahmen oder Fusionen zu finanzieren mit dem Ziel, dadurch die eigene Marktposition zu stärken, um am Ende auch wieder die Ertragskraft zu erhöhen.

Sollte dies notwendig sein, um das langfristige Überleben des Konzerns zu sichern, ist dies sicher richtig. Wenn es aber nur darum geht, den Wert der Aktie zu steigern, gibt es wiederum nur einen Gewinner, nämlich den Anteilseigner.

Leider zeigt die Praxis weltweit, dass bei den meisten Unternehmenszusammenschlüssen mehr Arbeitsplätze zerstört werden als neue geschaffen und dass Produktionskapazitäten stark zentralisiert werden.

Auch hier wird schließlich nur eines erreicht: Die erarbeiteten Gewinne werden indirekt der Volkswirtschaft wieder entzogen. Wenn keine geeigneten Übernahmekandidaten vorhanden sind, gehen die Finanzanlagen direkt in den CLUB.

Eine neue Variante der Geldanlage hat sich in den letzten Jahren unter den Konzernmanagern durchgesetzt:

Der Konzern kauft eigene Aktien zurück.

Als Konsequenz steigen die Kurse der Aktie, die Manager profitieren als Aktionäre mit. Dies ist nichts anderes als eine totale Bankrotterklärung der Manager betreffend ihrer Innovationsfähigkeit.

Hier einige Beispiele von Konzernen, die in den letzten Jahren durch massive Aktienrückkaufprogramme aufgefallen sind. Sie verstehen sicher, dass ich die Liste in sehr abgekürzter Form präsentiere. In Tat und Wahrheit waren es weltweit Tausende von

Publikumsgesellschaften, die sich während der letzten Jahre dieses Mittels bedient haben. Ich behaupte, dass in den meisten Fällen nicht betriebswirtschaftliche, schon gar nicht volkswirtschaftliche Überlegungen die Basis für solche Entscheidungen darstellten. Der einzige Grund war jeweils die Gier der verantwortlichen Manager, durch solche Maßnahmen das eigene Jahreseinkommen zu steigern, dies in Form von Kursgewinnen auf Aktien der eigenen Gesellschaft.

Einige Beispiele für den Aktienrückkauf in den vergangenen Jahren:

– **E.on:** 7-Mrd-Euro-Aktienrückkaufprogramm gestartet im Jahr 2007, im Jahr 2008 fortgesetzt. Rund 74 Millionen Aktien mit einem Kurswert von etwa drei Milliarden Euro zurückgekauft. Insgesamt wurden 6,448 Milliarden Euro ausgegeben. Infolge der Finanzmarktkrise wurde der Aktienrückkauf unterbrochen.[10]

– **BASF:** Im Rahmen eines Aktienrückkaufprogramms wurden 2007 Aktien im Wert von drei Milliarden Euro in Höhe von 1,9 Milliarden Euro zurückgekauft. Eine Fortsetzung des Aktienrückkaufs darüber hinaus ist vorgesehen. Seit 1999 wurden 25,6 % der ausstehenden Aktien für insgesamt 8,25 Milliarden Euro zurückgekauft.[11]

– **Nestlé:** Der Schweizer Nahrungsmittelkonzern hat 2007 mit einem Aktienrückkaufprogramm begonnen, im Zuge dessen insgesamt Anteilscheine im Wert von 25 Milliarden Franken gekauft werden sollen. Das Programm ist über mehrere Jahre ausgelegt.[12]

– **RWE:** Vom 1. Oktober bis zum 22. Oktober 2008 hat die RWE AG 376.637 eigene Stammaktien im Wert von rund 23,5 Millionen Euro zurückgekauft.[13]

– **ThyssenKrupp AG:** Vom 15. Juli bis zum 13. August 2008 hat die Firma 10,5 Millionen eigene Aktien (ca. 2 % des Grundkapitals) zu einem Durchschnittskurs von 33,98 Euro für rund 356,8 Millionen Euro zurückgekauft.[14]

Gründe für den Aktienrückkauf ergeben sich, wenn zum Beispiel der Aktienkurs als unterbewertet angesehen wird. Durch den Rückkauf der eigenen Aktien steigert das Unternehmen scheinbar die Attraktivität der eigenen Aktie. Der Markt geht davon aus, dass die eigenen Manager besser über das Marktgeschehen informiert sind als Außenstehende. Dies stimmt in bestimmten Fragen sicherlich, etwa bezüglich des weiteren Vorgehens im Unternehmen, geplanter Innovationen oder anderer strategischer Optionen.

Mit dem Rückkauf der eigenen Aktien ist dies häufig ein Signal für bessere Zukunftsaussichten, die anderen Marktteilnehmer lassen sich davon ebenfalls zum Kauf animieren. Die Folge: Der Kurs steigt.

Mit dem Rückkauf der eigenen Aktien werden die freien Aktien auf dem Markt verringert.

Legitime und sinnvolle Gründe für den Rückkauf können sein:

Das Unternehmen hält die eigenen Aktien für unterbewertet.

Der Rückkauf der eigenen Aktien setzt hier ein Signal an die anderen Marktteilnehmer: Seht her, unser Unternehmen verfügt über versteckte Potenziale, mit denen sich hohe Gewinnaussichten in der Zukunft verbinden. Hier wird häufig angenommen, dass das eigene Management einer AG besser informiert ist als die breite Masse der Akteure auf dem Finanzmarkt, sodass deren Einschätzung bezüglich des Unternehmens nicht so falsch sein kann. Daraus können sich steigende Kurse der AG ergeben. Ein Beispiel dafür ist die Net AG. Beim Aktienrückkauf am 12. April 2001 sprang der Kurs um 37 % nach oben.

Die eigenen Aktien werden als Gegenwert für einen Unternehmenskauf als Akquisitionswährung verwendet.

Wenn eine Aktiengesellschaft den Zukauf eines anderen Unternehmens beabsichtigt, können die eigenen Aktien der AG als Gegenwert eingesetzt werden. Immer öfter wird nämlich ein Neuerwerb nicht bar bezahlt. Stattdessen werden den Aktionären der Gesellschaft, die übernommen werden soll, im Tausch für ihre Papiere Aktien der übernehmenden Gesellschaft angeboten. Wenn die kaufende AG nun von ihren eigenen Aktionären zu einem günstigen Kurs Aktien zurückkauft, so stellt sich diese Finanzierungsform einer Übernahme als besonders profitabel dar.

Schutz vor Übernahme
Durch den Einzug eigener Aktien sinkt automatisch der Anteil am Streubesitz. Die geringere Anzahl dieser frei verfügbaren Aktien macht es für andere fast unmöglich, auf dem Markt genügend Aktien einzusammeln, um entscheidenden Einfluss zu erlangen und die Unternehmenskontrolle an sich zu bringen.

Veränderung der Kapitalstruktur
Ein Aktienrückkauf verändert die Kapitalstruktur der Aktiengesellschaft: Das Eigenkapital sinkt, während der Fremdkapitalanteil steigt. Dieser Effekt kann erwünscht sein, weil zugleich auch der Shareholder Value steigt. Wenn sich dabei der Verschuldungsgrad der Aktiengesellschaft erhöht, so kann sich eine Hebelwirkung ergeben. Voraussetzung dafür ist jedoch, dass der Fremdkapitalzins niedriger ist als die Rentabilität des gesamten Kapitals der Gesellschaft.

Bedienung von Mitarbeiterbeteiligungsprogrammen
Manche Aktiengesellschaften bedienen sich des Aktienrückkaufs, um Mitarbeiterbeteiligungsprogramme oder Optionsprogramme zu bedienen. Der Aktienrückkauf ist in der Regel kostengünstiger für die Gesellschaft als eine Kapitalerhöhung mit der Ausgabe neuer Aktien. Gerade in den USA werden auf diese Weise gerne Optionsprogramme bedient.

Abwehr feindlicher Übernahmen
Die Erhöhung der Verschuldung einer Aktiengesellschaft macht diese für einen potenziellen Übernehmer wesentlich unattraktiver. Denn dieser müsste mehr Fremdkapital für die Übernahme einsetzen. Und da der Aktienrückkauf, wie schon erwähnt, den Verschuldungsgrad der Gesellschaft erhöht, schützt diese Maßnahme eben auch vor einer feindlichen Übernahme.

In vielen Ländern ist die Haftung eigener Aktien beschränkt. Die begrenzt auch die Abwehr der feindlichen Übernahme. Dieses Argument für eine Rückkaufaktion ist in diesen Ländern also wenig stichhaltig.

Verkleinerung des Aktionärskreises
Mit dem Rückkauf eigener Aktien kann auch versucht werden, die Anzahl der Aktionäre und damit die Kosten, die im Investor-Relations-Bereich zum Beispiel für das Versenden von Geschäftsberichten oder für Einladungen zur Hauptversammlung und deren Durchführung anfallen, zu reduzieren. Da diese fixen Kosten unabhängig von der Anzahl der gehaltenen Aktien sind, ist insbesondere bei der Reduzierung der Anzahl der Kleinaktionäre ein Kostensenkungspotenzial vorhanden.

Ausschüttung überschüssiger Liquidität
Das Unternehmen hat liquide Mittel, die es in die eigenen Aktien investiert. Auch dies signalisiert dem Markt, dass es dem Unternehmen recht gut geht. Offenbar laufen die Geschäfte prächtig, die Auftragsbücher sind voll, die Gewinne stimmen, die Kapazitäten sind ausgelastet. Der Kauf der eigenen Aktien ist ein Zeichen dafür, dass sich die Investition in die Gesellschaft lohnt.

Die Auswirkung eines Aktienrückkaufs auf den Wert der einzelnen Aktien ist jedoch in Wirklichkeit nicht absehbar. Einerseits steigt zwar der prozentuale Anteil am Unternehmen, andererseits aber verringert sich das Eigenkapital, die Kapitalstruktur wird riskanter. Je gesünder ein Unternehmen, umso günstiger sind die Auswirkungen des Aktienrückkaufs.

Der Rückkauf von Aktien wurde von Aktienanalysten in der jüngeren Vergangenheit meist positiv bewertet, da hier ein Rückfluss von Kapital an die Kapitalgeber angenommen wurde, der nach Ansicht vieler Kommentatoren steuerlich günstiger behandelt wurde als eine normale Dividendenzahlung. Für eine sachgerechte Bewertung ist aber auch maßgeblich, was mit den zurückgekauften Aktien geschieht. Häufig wurden diese Aktien über Aktienoptionsprogramme an Mitarbeiter neu ausgegeben und haben damit nicht zu der öffentlich angenommenen Verringerung der Anzahl im Umlauf befindlicher Aktien (und der damit erwarteten Kurssteigerung) geführt. Damit hat dann in solchen Fällen eine verdeckte Ausschüttung an die Mitarbeiter zum Nachteil der Altaktionäre stattgefunden.

Aktienrückkaufprogramme können natürlich auch von privaten Gesellschaften durchgeführt werden. Hinsichtlich der von mir angesprochenen Praxis besteht diesbezüglich weder technisch noch wirtschaftlich ein Unterschied. In der Praxis ist dies aber kaum der Fall.

Warum glauben Sie, ist das so?

Die Antwort ist ganz einfach. Bei privat geführten Unternehmen werden solche Entscheidungen von verantwortungsbewussten Unternehmern gefällt und nicht von geldgierigen Managern, genau das und nichts anderes ist der Unterschied.

Die privaten Haushalte – gehören auch zum CLUB!

Die Zeitung »Die Welt« meldete am 25. Januar 2005:

»**Geldvermögen der Deutschen steigt auf 4,1 Billionen Euro**
Frankfurt/Main – Die privaten Haushalte in Deutschland haben 2004 wegen der guten Börsenentwicklung und mehr Sparbemühungen ihr Geldvermögen auf mehr als vier Billionen Euro aufgestockt. Der Vermögensbestand wuchs von Ende 2003 bis Ende 2004 von 3,92 auf 4,1 Billionen Euro, teilte die Dresdner Bank/Allianz-Group mit. Die Sparquote stieg binnen Jahresfrist von 10,7 auf 10,9 % der verfügbaren Einkommen – der höchste Stand seit neun Jahren. Auch der positive Abschluss des Aktienmarktes 2004 ließ das Vermögen wachsen.«

In den meisten industrialisierten Ländern stieg das Nettovermögen während der letzten Jahrzehnte bei Unternehmen wie auch bei den Bürgern stetig an. Über Jahre hinweg war dies ein kontinuierlicher Prozess. In relativen wie auch in absoluten Zahlen zeigt sich dieses Bild sehr deutlich in Kanada, den USA sowie den westeuropäischen Ländern seit den Fünfzigerjahren.

So stieg das Geldvermögen der Deutschen in den letzten Jahrzehnten kontinuierlich auf Rekordniveau an. Laut der Zeitung »Die Welt« vom 20. Juni 2006 haben die deutschen Haushalte ihr Geldvermögen seit 1991 kräftig ausgeweitet. Heute liegt dies nach Erhebungen der Deutschen Bundesbank bei 4,26 Billionen Euro. Je Haushalt sind dies durchschnittlich 70.000 Euro im Vergleich zu 34.000 Euro im Jahre 1991.

Natürlich verwende ich hier Durchschnittszahlen. Ein Hartz-IV-Empfänger in Deutschland kann mit dieser Aussage nur wenig anfangen, ich bin mir dessen wohl bewusst.

Anstatt von dem Angesparten nach und nach auch wieder etwas zu verbrauchen, steigt die Sparquote weiter an. Sie liegt in Deutschland nun bei 10,7 % des verfügbaren Einkommens. Im

Durchschnitt können also alle Deutschen mehr als ein Zehntel ihres Einkommens sparen, es nicht konsumieren.

Die Sparquote wird im Rahmen der volkswirtschaftlichen Gesamtrechnung berechnet. Sie ist der Prozentsatz des Einkommens, das nicht verbraucht wird. Die Deutschen sind sehr fleißig darin, sich Geld »auf die hohe Kante« zu legen.

Naturgemäß hängt die persönliche Sparquote davon ab, wie viel wir jeweils verdienen. Je höher das Einkommen, umso höher auch die Summe, die der Einzelne sparen kann. Gleichzeitig steigt auch die Sparneigung, also die Bereitschaft zu sparen. Das lässt sich gut an der Zeitreihe seit 1950 demonstrieren, wie Abbildung 1 auf der folgenden Seite zeigt.

Nach dem Zweiten Weltkrieg war die Sparquote mit nur drei Prozent vergleichsweise gering. Mitte der 1950er-Jahre stieg sie stetig an bis zum Spitzenwert von 15,1 % im Jahr 1975. Seither bewegt sie sich auf hohem Niveau, zwar etwas eingedellt seit Mitte der 1990er-Jahre, aber sie pendelt immer noch um die Marke von zehn Prozent.

Dabei muss berücksichtigt werden, dass zum Sparen auch die Anlagen in die Altersversorgung gehören. Da jedoch nicht alle Menschen in Deutschland sozialversichert und beschäftigt sind – derzeit sind das nur 41,15 Millionen Erwerbspersonen gegenüber 41,3 Millionen Nichterwerbspersonen in Deutschland –, könnte man über den Daumen gepeilt sagen, dass alle anderen, also etwa die Hälfte der Deutschen, im Durchschnitt ein Fünftel ihres Einkommens sparen.

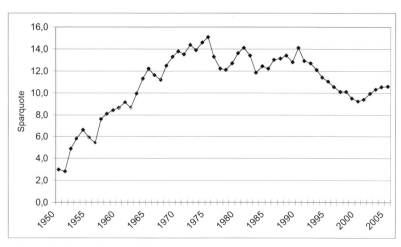

Quelle: Eigene Darstellung nach Daten des Statistischen Bundesamts.

Abbildung 1: Sparquote in Deutschland seit 1950

Es leuchtet jedoch ein, dass diese Hälfte der Deutschen ein sehr unterschiedliches Einkommen aufweisen. Die einen verdienen kaum ausreichend, um ihr Leben zu finanzieren, die anderen hingegen haben Einkünfte, die ihre Lebenshaltung bei Weitem übersteigen.

Gerade diese zuletzt genannten können darum einen weitaus größeren Teil ihres Einkommens sparen. Und das tun sie vermutlich auch. Gerade dieser Teil der Sparfüchse gehört jedoch wohl auch zum CLUB, denn sie haben Anreiz genug, ihre überschüssigen Gelder »verschwinden« zu lassen, möglichst vor dem Fiskus zu retten oder auf andere Weise bestens anzulegen.

Die Deutschen sind aber dennoch nicht die größten Sparfüchse. Eine noch höhere Sparquote weisen nämlich Frankreich mit 11,6 % und Italien mit sogar 12,1 % auf.

Ganz anders hingegen Kanada. Dort legen die Leute nur 0,4 % ihres Einkommens auf die hohe Kante, in den USA sogar nur noch 0,2 %.

In diesen Ländern, vor allem in den USA, ist im Vergleich zu

Europa nicht nur die Sparquote wesentlich kleiner, es gibt praktisch kein Sparen. Man kann diesbezüglich natürlich unterschiedlicher Meinung sein, was richtig und falsch ist. Tatsache ist aber, dass dies volkswirtschaftlich gut ist, das Geld wird unter die Leute gebracht. Wie nicht anders zu erwarten ist, sind es aber genau die Amerikaner, welche den Bogen überspannen. Es gibt nicht nur kein Sparen, nein es wird permanent mehr Geld ausgegeben als eingenommen, und zwar in privaten Haushalten. Dies ist volkswirtschaftlich dann problematisch, wenn dieser Exzess zu einem Crash führt, was nun in 2008 und 2009 auch eingetreten ist. Dieser Vorgang schadet der Volkswirtschaft zweifellos und nachhaltig. Wir alle wissen seit dieser Zeit, was eine richtige Wirtschaftskrise bedeutet. Zurück zur Sparquote, ich selber finde den Mittelweg von ca. 5 % wohl am ehesten ausbalanciert.

Die Frage, welche Auswirkungen die Sparquote hat, ist nicht eindeutig zu beantworten. Ist also eine hohe Sparquote gut für die Wirtschaft oder ist sie schlecht?

Die Antwort muss ehrlicherweise lauten: beides!

Auch wenn eine hohe Sparquote das gesamtgesellschaftliche Eigenkapital sehr solide aussehen lässt, bedeutet Sparen, dass nicht konsumiert wird.

Das Ersparte lässt zum einen die Summe an Geldmitteln steigen, die zur Kreditvergabe bereitstehen. Kredite werden für Investitionen eingesetzt und schaffen dadurch Arbeitsplätze. Voraussetzung ist allerdings, dass die Stellen, an denen die Sparguthaben »liegen« – also vor allem Banken und Versicherungen –, die ihnen anvertrauten Geldmittel auch wirklich zu diesem Zweck verwenden. Der Einzelne hat darauf keinerlei Einfluss.

Die Kehrseite des Spargroschens ist jedoch schlecht für die Volkswirtschaft, denn Geld, das nicht verbraucht, nicht konsumiert wird, sich also nicht im Geldkreislauf befindet, ist zunächst einmal Kapital, das schlummert und dem Wirtschaftskreislauf entzogen wurde. Dahinter steht das Schlagwort von der »Konsumflaute«: Die deutsche Wirtschaft würde mehr florieren, wenn die Deutschen ebenso wie die Amerikaner das meiste ihres Einkommens ausgeben würden.

Erspartes wird zur Bildung von Geldvermögen, aber auch von Sachvermögen genutzt. Die Ökonomen sprechen davon, dass auch die privaten Haushalte Investitionen tätigen. Dabei ist von Nettoinvestitionen auszugehen, das heißt: Bruttoinvestitionen minus Abschreibungen.

Diese Nettoinvestitionen beliefen sich in Deutschland 2004 auf rund 37 Milliarden Euro, im Jahr 2005 auf rund 30 Milliarden Euro. Dazu zählen vor allem Investitionen in den Wohnungsbau.

Die Investitionsneigung privater Haushalte hat jedoch nachgelassen, wie der Zehnjahresvergleich zeigt: Im Jahr 1994 wandten die privaten Haushalte fast 84 Milliarden Euro für Nettoinvestitionen auf, im Jahr 1995 waren es 80 Milliarden Euro.

Tabelle 3 zeigt die Summe der Spareinlagen der Deutschen in den letzten Jahren. Nicht mit dabei sind Wertpapieranlagen, aber auch Sparen für die Altersversorgung und Ähnliches. Allein durch Spareinlagen bei den Banken haben die Deutschen im Jahr 2007 den unermesslichen Betrag von 564 Milliarden Euro auf der »hohen Kante« liegen, im Schnitt der letzten Jahre also etwa 600 Milliarden Euro:[15]

Die privaten Haushalte – gehören auch zum CLUB!

Gegenstand	2003	2004	2005	2006	2007
	in Millionen Euro				
Spareinlagen insgesamt	600.378	613.015	611.877	594.858	563.823
Sparkassen (einschließlich Landesbanken)	320.644	322.533	324.907	317.548	295.828
Kreditgenossenschaften (einschließlich Genossenschaftlicher Zentralbanken)	180.076	183.824	183.393	178.706	163.688
Kreditbanken	99.304	106.297	102.258	97.436	103.329
Übrige Kreditinstitute	354	361	1.319	1.168	978

Quelle: Deutsche Bundesbank, Stand: 19. August 2008

Tabelle 3: Spareinlagen der Deutschen 2003–2007

Tabelle 4 zeigt, in welcher Höhe sich die Summen der volkswirtschaftlichen Gesamtrechnung in Deutschland belaufen. 1,13 Billionen Euro verdienen die Arbeitnehmerinnen und Arbeitnehmer in Deutschland unter Einbeziehung der von ihnen und von den Arbeitgebern bezahlten Sozialversicherungsbeiträge. Denn die Sozialversicherungsbeiträge sind auch Spareinlagen, gezwungenermaßen zwar, aber für die meisten Menschen sehr sinnvoll. Denn wer könnte sich zum Beispiel schon eine dringend notwendig gewordene Operation für rund 20.000 Euro einfach so leisten, ohne dafür lange gespart zu haben. Dieses Sparen übernimmt eben die Solidargemeinschaft für den Einzelnen.

	2003	2004	2005	2006	2007
	in Milliarden Euro				
Bruttolöhne und -gehälter	908,31	912,39	912,95	926,75	957,97
+ Arbeitgeberbeiträge	223,78	222,86	218,11	222,95	225,50
= Arbeitnehmerentgelt	1.132,09	1.135,25	1.131,06	1.149,70	1.183,47
+ Betriebsüberschuss/ Selbständigeneinkommen	482,34	522,77	537,46	574,96	600,21
+ Nettoproduktionsabgaben	227,56	231,16	238,82	253,71	280,47
= Nettoinlandsprodukt	1.841,99	1.889,18	1.907,34	1.978,37	2.064,15
+ Saldo der Primäreinkommen mit der übrigen Welt	-16,14	0,35	27,62	40,94	41,29
= Primäreinkommen (Nettonationaleinkommen)	1.825,85	1.889,53	1.934,96	2.019,31	2.105,44
+ Laufende Transfers aus der übrigen Welt	8,92	8,39	10,37	11,38	13,05
- Laufende Transfers an die übrige Welt	34,99	35,82	38,48	38,64	41,35
= Verfügbares Einkommen	1.799,78	1.862,10	1.906,85	1.992,05	2.077,14
- Konsum	1.703,09	1.725,29	1.744,61	1.780,57	1.809,36
= Sparen	96,69	136,81	162,24	211,48	267,78
+ Vermögenstransfers aus der übrigen Welt	2,86	2,67	3,47	3,17	3,47
- Vermögenstransfers aus der übrigen Welt	2,55	2,69	3,40	2,79	2,91
- Bruttoinvestitionen	372,75	380,90	379,04	409,41	442,57
+ Abschreibungen	321,41	326,47	335,86	343,13	358,75
= Finanzierungssaldo	45,66	82,36	119,13	145,58	184,52

Quelle: Statistisches Bundesamt, Stand: 26. August 2008

Tabelle 4: Nationaleinkommen, verfügbares Einkommen und Finanzierungssaldo Deutschland 2003–2007

Zusätzlich dazu erwirtschaften die Selbständigen in Deutschland rund 790 Milliarden Euro, sodass sich das Nettoinlandsprodukt im Jahr 2007 auf insgesamt mehr als 2 Billionen Euro belief.

Unter Einbeziehung der ausländischen Einkommen von 41 Milliarden Euro ergibt sich für das Nettonationaleinkommen Deutschlands eine Summe von rund 2,1 Billionen Euro.

Unter Einbeziehung der Transfers aus der übrigen Welt und an die übrige Welt verfügte Deutschland 2007 über rund 2,077 Billionen Euro. Davon wurden immerhin mehr als 1,8 Billionen Euro konsumiert, aber die unvorstellbare Summe von knapp 268 Milliarden Euro (neu) gespart.

Diese Zahlen ergeben sich in leicht steigender Höhe jedes Jahr von Neuem. Die gewaltige Summe von 268 Milliarden Euro als Sparsumme zeigt uns, welche Mengen an Kapital brachliegen, quasi im Wartestand.

Um wie viel besser wäre es, wenn diese Gelder dem Wirtschaftskreislauf hinzugefügt würden, um Mehrwert zu schaffen?

Es ist ja nicht so, dass die Deutschen ihr Erspartes unters Kopfkissen legen würden. Vielmehr geben sie es an Institutionen, die (angeblich) das Geld »arbeiten« lassen.

Wer sind diese Institutionen? Wir wissen es schon. Es sind Banken, Fonds, Geldanlagegesellschaften – also Mitglieder im CLUB. Und so werden wir alle indirekt Teilnehmer des CLUBs, mehr noch: Förderer des CLUBs.

Die Schere zwischen dem CLUB und dem Rest der Welt

Die Armen werden immer ärmer und die Reichen immer reicher. Dies sind allenthalben Warnungen, die uns immer häufiger begegnen. Sie gelten im eigenen Lande, aber auch für die internationalen Verhältnisse. Welche Fakten stützen diese Wahrnehmung? Wer ist reich? Und wie reich sind denn die reichen Länder?

In Tabelle 5 ist der Reichtum der Länder mit dem Bruttonationaleinkommen (BNE) aufgeführt.

Schlagworte, die den Zwiespalt zwischen Arm und Reich symbolisieren, die regelmäßig Gegner auf die Straße treiben, sind Globalisierung, Weltwirtschaftsgipfel, Davos, G-8-Gipfel und G-20-Gipfel.

Jean Ziegler, Sonderberichterstatter der UN-Menschenrechtskommission, legt mit seinen Büchern immer wieder den Finger auf die Wunde der Diskrepanz zwischen Arm und Reich auf der Welt.

»In den zehn Jahren seit 1990 hat sich die Welt abrupt verändert. Es geschah mit der Unvorhersehbarkeit eines Erdbebens, das die Experten erwarten, ohne doch im Voraus seine Stärke, seine Begleitumstände oder den Zeitpunkt seines Auftretens zu kennen. Das 20. Jahrhundert, dieses Jahrhundert des Völkerbundes und der Vereinten Nationen, wurde durch eine Unzahl von Kriegen verunstaltet: zwei schreckliche Weltkriege, in denen die Nationalstaaten miteinander um die Vorherrschaft und die Eroberung von Märkten rangen; eine größere Zahl von Konflikten zwischen den Gebieten der Kolonial- und Postkolonialreiche einerseits und den Kombattanten der nationalen Befreiungsbewegungen andererseits; dazu totalitäre Weltanschauungen, grauenhafte Völkermorde und blutige innerethnische Konflikte.«[16]

Wenn das 20. Jahrhundert noch von blutigen Konflikten geprägt war, so wird das 21. Jahrhundert ganz andere, quasi »natürliche« Konfliktpotenziale zeigen, die zu bewältigen ungleich schwieriger sein werden, als wir uns zum gegenwärtigen Zeitpunkt noch klarmachen.

Während wir Europäer die zunehmende Überalterung unserer Gesellschaft beklagen, Befürchtungen vom Aussterben unserer Kulturen pflegen, wächst die Weltbevölkerung unhaltbar weiter. Im Jahr 2005 gibt es rund 6,5 Milliarden Menschen. Für 2050 werden 9 Milliarden Menschen erwartet.

Davon werden, wie auch Jean Ziegler zu bedenken gibt, mehr

als 60% in Ballungszentren, Agglomerationen und Großstädten leben.

»In Lateinamerika wohnen schon heute über 70% der Bevölkerung in Städten, größtenteils unter widrigsten Umständen: *barilladas* in Peru, *favelas* in Brasilien, *poblaciones* oder *calampas* in Chile. In Lateinamerika ist jedes dritte Kind unter fünf Jahren schwer und chronisch unterernährt. Im Jahre 2002 leben 36% der Afrikaner in Städten. 2025 werden es über 50% sein. Mit mathematischer Sicherheit wird diesen afrikanischen, lateinamerikanischen und asiatischen Megalopolen die nötige Infrastruktur fehlen, um diesen armen Familien ein anständiges, vormalige geschütztes Leben garantieren zu können.«[17]

Allein an solchen simplen Bevölkerungszahlen lässt sich die Brisanz der Zukunft ablesen, die uns noch bevorstehen wird.

Letztlich aber lässt sich die Diskrepanz noch einfacher am Reichtum – oder an der Armut – der Länder der Welt ablesen, gemessen am Bruttonationaleinkommen in US-Dollar. Es zu ermitteln basiert, wie das Statistische Bundesamt ausführt, auf der sogenannten Atlas-Methode der Weltbank. Dabei wandelt die Weltbank das jeweilige Bruttonationaleinkommen der einzelnen Länder in US-Dollar um, damit es international vergleichbar ist.

Der Umrechnungskurs bezieht den durchschnittlichen Wechselkurs der Landeswährung in den letzten drei Jahren ein, des Weiteren die Preisentwicklung im Land wie auch im weltwirtschaftlichen Umfeld. Das Ziel besteht darin, die Wechselkursschwankungen zu mildern und damit bessere Ländervergleiche zu ermöglichen.

Tabelle 5 listet die reichsten und die ärmsten Länder dieser Welt auf.

Rang	Land	Millionen US-Dollar	Rang	Land	Millionen US-Dollar
1	USA	12 969 561	140	Ruanda	2 067
2	Japan	4 988 209	141	Mongolei	1 755
3	Deutschland	2 852 337	142	Lesotho	1 718
4	China	2 263 825	143	Mauretanien	1 715
5	Vereinigtes Königreich	2 263 731	144	Zentralafrikanische Republik	1 400
6	Frankreich	2 177 670	145	Sierra Leone	1 207
7	Italien	1 724 894	146	Surinam	1 140
8	Spanien	1 100 134	147	Belize	1 021
9	Kanada	1 051 873	148	Eritrea	968
10	Indien	793 017	149	Kap Verde	947
11	Korea, Republik	764 684	150	Dschibuti	807
12	Mexiko	753 394	151	Bhutan	799
13	Australien	654 645	152	Malediven	787
14	Brasilien	644 133	153	Guyana	759
15	Russische Föderation	639 080	154	Burundi	724
16	Niederlande	598 013	155	Gambia	442
17	Schweiz	408 702	156	Grenada	418
18	Belgien	373 758	157	Komoren	387
19	Schweden	370 531	158	Guinea-Bissau	283
20	Taiwan	355 009	159	Kiribati	137
21	Türkei	342 224	160	Myanmar	n.v.
22	Österreich	303 641	161	Kuba	n.v.
23	Saudi-Arabien	289 194	162	Katar	n.v.
24	Indonesien	282 158	163	Irak	n.v.
25	Norwegen	275 228	164	Brunei Daressalam	n.v.

Quelle: Statistisches Bundesamt 2006
Tabelle 5: Bruttonationaleinkommen 2005 verschiedener Länder

Die Länderaufstellung zeigt die Rangfolge der Länder von den reichen bis zu den ärmsten, wobei nicht alle Länder angegeben wurden. Allerdings ist diese Rangfolge trügerisch, weil sie die Größe eines Landes nach seiner Bevölkerungszahl nicht einbezieht. Aussagefähiger über die tatsächliche Leistungsfähigkeit er-

Die Schere zwischen dem CLUB und dem Rest der Welt 65

weist sich deshalb das jeweilige Bruttonationaleinkommen (BNE) je Einwohner. Dies zeigt Tabelle 6.

Rang	Land	Int. Dollar	Rang	Land	Int. Dollar
1	Luxemburg	65 340	140	Sambia	950
2	Vereinigte Staaten	41 950	141	Jemen	920
3	Norwegen	40 420	142	Madagaskar	880
4	Schweiz	37 080	143	Kongo	810
5	Island	34 760	144	Niger	800
6	Irland	34 720	145	Sierra Leone	780
7	Dänemark	33 570	146	Tansania	730
8	Österreich	33 140	147	Kongo, Dem. Rep.	720
9	Vereinigtes Königreich	32 690	148	Guinea-Bissau	700
10	Belgien	32 640	149	Malawi	650
11	Niederlande	32 480	150	Burundi	640
12	Kanada	32 220	151	Turkmenistan	n.v.
13	Schweden	31 420	152	Taiwan-China	n.v.
14	Japan	31 410	153	Surinam	n.v.
15	Finnland	31 170	154	Serbien und Montenegro	n.v.
16	Australien	30 610	155	Myanmar	n.v.
17	Frankreich	30 540	156	Malediven	n.v.
18	Singapur	29 780	157	Libyen	n.v.
19	Deutschland	29 210	158	Kuba	n.v.
20	Italien	28 840	159	Kiribati	n.v.
21	Spanien	25 820	160	Katar	n.v.
22	Israel	25 280	161	Irak	n.v.
24	Kuwait	24 010	162	Brunei Daressalam	n.v.
25	Griechenland	23 620	163	Bhutan	n.v.

Quelle: Statistisches Bundesamt 2006

Tabelle 6: Bruttonationaleinkommen je Einwohner 2005

Dabei wird schnell deutlich, dass der Reichtum Deutschlands, auf diese Weise berechnet, nicht ganz so groß ist wie man vielleicht vermuten mag. Vielmehr gibt es zahlreiche Länder, die weit davor eingeordnet werden können, während Deutschland erst an neunzehnter Stelle aufgeführt wird, nach Frankreich an 17. Stelle, nach Australien, Finnland, Schweden oder nach Belgien an zehnter und Österreich an achter Stelle.

Das Bruttonationaleinkommen je Einwohner wird in der Währungseinheit »Internationaler Dollar« (Int Dollar) wiedergegeben, den ebenfalls die Weltbank berechnet. »Es kommen dabei spezielle Umrechnungsfaktoren (›Kaufkraftparitäten‹) zum Einsatz, die die jeweilige Kaufkraft in einem Land berücksichtigen, d.h. Unterschiede im Preisniveau von Gütern und Dienstleistungen weitgehend ausgleichen. Dadurch wird eine bessere Darstellung von Ländervergleichen erzielt. Bei der Darstellungsmöglichkeit des ›BNE je Einwohner‹ nach der Länderrangfolge ist zu beachten, dass es sich nur um eine grobe Zuordnung handelt. Eine exakte Rangfestlegung ist hier nicht möglich.«[18]

Die Schwellenländer

Es gibt verschiedene neue Länder im »Emerging Market«-Bereich, also sogenannte Schwellenländer wie zum Beispiel alle südamerikanischen Staaten, die meisten osteuropäischen Staaten, die Tigerstaaten Malaysia, Thailand, Philippinen etc. Die Frage stellt sich, ob diese Länder ihre ureigenen Probleme selber lösen werden? Ob sie dazu in der Lage sein können?

Es gibt auch verschiedene sogenannte wachsende Finanzmärkte, wie zum Beispiel Russland, China, Brasilien usw. Da stellt sich die Frage, wie groß die finanzielle Kraft dieser Länder zukünftig sein wird, um selbst für die unterentwickelte Mehrheit ihrer Bevölkerung einzustehen.

Es gibt in all diesen Ländern unglaublichen Reichtum, vor

Die Schwellenländer

allem an Bodenschätzen. Ist er falsch verteilt? Wenn ja, können diese Länder zu Netto-Zahlern werden? Es muss berücksichtigt werden, dass viele dieser Länder enorme Bevölkerungszahlen aufweisen.

Osteuropa interessiert natürlich schon deswegen, weil diverse wirtschaftlich schwache Länder bereits in der EU sind. Wie sieht es mit Polen aus, über 60 Millionen Einwohner?

Ich habe kürzlich mit einem sehr gut situierten indischen Akademiker gesprochen. Er meinte Folgendes: Indien ist nicht arm, Indien ist reich – hat jedoch arme Menschen. Das heißt nichts anderes, als dass das Land eigentlich ein reiches Land ist, doch die armen Menschen in diesem Land haben nicht die Gelegenheit, die Fähigkeit, das Recht oder was auch immer, den Reichtum des Landes zum eigenen Wohlstand zu machen.

Diese Aussage trifft nicht nur auf Indien zu, sondern in ähnlicher Weise auf andere Entwicklungs- und Schwellenländer der Erde. Was ist dafür ausschlaggebend? Es sind Faktoren wie disfunktionale Gesellschaftssysteme, häufig Traditionen, oft auch Machthaber, die das Land aussaugen, selbst in unermesslicher Pracht leben, das Volk aber in Armut verharren lassen.

Gerade aber die Schwellenländer sind auf dem Weg zu einem prosperierenden Land zwischen Entwicklungs- und Industrienation. In einigen Jahren, so die berechtigte Hoffnung, werden sie aufgestiegen sein, größere Teile der Bevölkerung werden die Chance haben, zu einem gewissen Wohlstand zu gelangen, das Land wird mehr Menschen Arbeit geben können.

So schreibt die Süddeutsche Zeitung am 21. Juli 2006 in dem Artikel »Öl macht nicht alle reich«:

»Nur Botswana hat es geschafft. Nur Botswana, das manche ›die Schweiz Afrikas‹ nennen, verschwand bisher von der Liste der ärmsten Länder der Welt. Botswana hat Diamanten … Botswana stieg sozusagen aus der vierten Reichtums-Liga in die dritte auf. Ansonsten ist das bislang keinem Land gelungen, das unverhoffte Bodenschätze fand.

Der jüngste Report der Genfer Organisation ist deshalb allenfalls auf dem Papier ermutigend. Ja, in den 50 ärmsten Ländern der Welt wuchs die Wirtschaft 2004 im Schnitt um 5,9 %, die höchste Quote seit 20 Jahren. ›Die Nachhaltigkeit dieses Wachstums‹, räumt Unctad-Generalsekretär Supachai Panitchpakdi ein, ›ist instabil‹. Denn ein Großteil des Wachstums entstand einfach durch höhere Rohstoffpreise – und ging häufig an der Bevölkerung vorbei.

Allein das afrikanische Land Tschad verzeichnete 2004 ein Wirtschaftswachstum von 31 %. Doch aus einem für künftige Generationen gedachten Ölfonds begleicht Tschads Präsident Idriss Deby Beamtengehälter.

Auch die Exporte der ärmsten Länder wuchsen um ein Viertel. Doch die Hälfte des Anstiegs ging auf vier ölexportierende Länder zurück: Angola, Äquatorialguinea, Sudan und Jemen.

Die ausländischen Direktinvestitionen zogen ebenfalls an – 70 % davon gingen in die Förderung von Öl und anderen Bodenschätzen. Wer nicht zufällig beim Ölmulti vor Ort beschäftigt ist, hat von diesem Wachstum meistens nichts.«

Es gibt keine einheitlich gültige Liste von Merkmalen für Entwicklungsländer. Jedoch können näherungsweise Listen von strukturellen Benachteiligungen dieser Länder herangezogen werden. In der Regel ist es schwierig, gemeinsame Merkmale verschiedener Länder aufzustellen, die eindeutige Hinweise auf die Klassifizierung als Entwicklungsland abgeben. Letztlich wird die Gesamtschau auf einen Kanon an Merkmalen zeigen, inwiefern ein Land als Entwicklungsland einzuordnen ist.

In erster Linie zieht man ökonomische Merkmale heran, die ein Entwicklungsland charakterisieren. Sie sind in der Regel Folge einer geringen Wertschöpfung. Dies wiederum ergibt sich häufig daraus, dass ein bedeutender Teil der Bevölkerung auf dem primären Sektor der Urschöpfung, also im Bereich Landwirtschaft, Forstwirtschaft, Fischerei und Bergbau, tätig ist. Dort werden kaum Mehrwert und Wertsteigerung generiert.

Dies ist gepaart mit einem niedrigen Pro-Kopf-Einkommen, mit hohen Extremen bei der Einkommens- und Vermögensverteilung der Menschen im Lande, mit einer hohen Verschuldung des Landes, schlechter Infrastruktur, hoher Arbeitslosigkeit etc.

Weitere Merkmale betreffen die demografische Verteilung und Entwicklung in den Ländern – hohe Geburtenraten bei hoher Säuglingssterblichkeit und niedriger durchschnittlicher Lebenserwartung –, des Weiteren ökologische Merkmale – Verstädterung, Ausbreitung der Wüstengebiete, Wasserknappheit etc. –, politische, volksgesundheitliche und soziokulturelle Merkmale.

Natürlich gibt es Zeitgenossen, die nach wie vor davon ausgehen, dass diese düsteren Entwicklungen in vielen Gebieten unserer Welt uns reiche Nationen nicht wirklich interessieren müssen. Zu diesen Zeitgenossen gehören leider auch viele Mitglieder im CLUB, welche nicht wahrhaben wollen, dass unser Reichtum kein wirklicher Reichtum mehr ist, wenn die Schere zwischen Arm und Reich immer größer wird. Die Einflüsse der Migration aus diesen Ländern können wir jetzt schon überall in Europa sehen. Denjenigen Zeitgenossen, welche dies nicht wahrhaben wollen, kann ich nur einmal einen kurzen Ausflug nach Südfrankreich oder Südspanien empfehlen. Diejenigen, die es dann immer noch nicht kapiert haben, werden es bereits in wenigen Jahren schmerzlich am eigenen, permanent sinkenden Lebensstandard selber sehen. Außer, sie gehören in den privilegierten Kreis des CLUBs!

Und im eigenen Lande?

Vor Jahren noch bestanden die wirtschaftlichen Abhängigkeiten vorwiegend innerhalb der Familie und möglicherweise innerhalb der Kommune: Die Ehefrau und die Kinder waren wirtschaftlich abhängig vom arbeitenden Vater, der Handwerker von seinen örtlichen Kunden, der Angestellte von seinem Arbeitgeber im

Dorf, weil er nicht bereit war, den Wohnort wegen einer neuen Arbeitsstelle zu wechseln.

Durch die Entwicklung der Globalisierung hat die wirtschaftliche Abhängigkeit eine ganz andere Dimension angenommen. Es wurden weltweite Abhängigkeiten geschaffen, die kaum mehr korrigierbar sind und dabei zusätzlich die Lösung für unser Thema erschweren.

In diesem Zusammenhang verweise ich noch einmal auf meine einleitenden Aussagen zur momentanen weltweiten Finanz- und Wirtschaftskrise.

Die CLUB-Mitglieder arbeiten nicht nur Hand in Hand, sie sind auch in größtem Maße abhängig voneinander.

Einige Beispiele:
- Die Fonds-Familie kann ohne die Banken gar nichts machen.
- Große industrielle Projektfinanzierungen kommen nur in engster Zusammenarbeit der Industrie mit den Banken und Versicherten zustande.
- Die meisten Unternehmer dürfen gegen die Banken nichts Negatives sagen oder tun, ansonsten wird der Kredit gekündigt.
- Die wichtigen Industriezweige sind durch Lobbyisten in den jeweiligen Regierungen vertreten (typisches Beispiel USA: Waffenindustrie, Öl- und Gasindustrie etc.).
- Die Gewinne der CLUB-Mitglieder werden wiederum in den Banken angelegt.

Kommunen und Länder sind von den Steuerzahlungen der CLUB-Mitglieder abhängig. Ein Beispiel dafür: Bis zur Wirtschaftskrise wäre die Stadt Zürich ohne die beiden Großbanken UBS und Credit Suisse pleite gewesen, obwohl beide Banken ihren Hauptsitz noch in der Schweiz haben, die Gewinne aber mehrheitlich global erwirtschaftet werden.[19]

Und im eigenen Lande?

Die Arbeitnehmer sind im Globalisierungsprozess noch abhängiger von ihrem Unternehmen als früher – sie haben permanent Angst davor, dass Arbeitsplätze ins Ausland verlegt werden.

Als Konsequenz davon haben die Gewerkschaften an Bedeutung und somit auch an Anziehungskraft für die Arbeitnehmer verloren. Diese Tendenz wird weiter verstärkt durch die Tatsache, dass die Gewerkschaftsbosse auch Mitglieder im CLUB sind. Deren Eigeninteresse ist oftmals größer als das Wohlergehen der gemeinen Arbeiterschaft.

Wie Industrie und Banken eng verknüpft sind, zeigt der Artikel der Wirtschaftswoche vom 29. Mai 2006 über die Karriere von Josef Ackermann, den Vorstandsvorsitzenden der Deutschen Bank. Im Aufsichtsrat der Deutschen Bank sitzen die Vertreter der deutschen Wirtschaft (Siemens, SAP usw.), so nach dem Motto: jeder mit jedem, keiner gegen den anderen.

Hier noch einige Gedanken zu meinem Landsmann Josef Ackermann. Man mag ihn mögen oder nicht, aber er ist unbestritten ein ausgezeichneter Banker. Innerhalb der Bankenindustrie gehört er auch zu den Top-Kadern des CLUBs. War es doch Ackermann, der die 25%-Eigenkapitalrenditeforderung der Deutschen Bank durchgesetzt hat. Voraussetzung dafür war aber, dass die Deutsche Bank das Investment-Banking-Geschäft zu Lasten des Firmenkreditgeschäfts massiv ausgebaut hat.

Was meinen Sie, was war die Konsequenz?
- Tausenden von Deutschen Mittelständlern wurde der Kredit gekürzt.
- Tausende von Deutschen Mittelständlern erhielten keinen Kredit mehr.
- Tausende von Arbeitsplätzen, allein in Deutschland, wurden dadurch vernichtet oder nicht mehr kreiert.
- Die Deutsche Bank verlor Milliarden mit Investment-Banking-Spekulationen.
- usw., usw.

Welch eine Heldentat, lieber Josef Ackermann. Sie gehören sicher zu den Helden im CLUB, genauso darf der Leser sich aber fragen, ob Sie aus Sicht der Volkswirtschaft nicht eher Täter als Held sind.

Ich bin grundsätzlich kein Globalisierungsgegner – im Gegenteil. Ich sehe die außerordentlichen Marktchancen, die sich den Marktteilnehmern eröffnen.

Um aber davon profitieren zu können, braucht es eine gewisse Unternehmensgröße. Größe kommt mit Wachstum, das Wachstum muss aber finanziert werden, und nun wieder das gleiche Lied …!

Dies führt leider zu dem Schluss, dass die Globalisierung vor allem wirtschaftliche Vorteile bringt für die größeren Unternehmungen und natürlich für die CLUB-Mitglieder.

Die Nachteile tragen alle Übrigen – das heißt: die Volkswirtschaften.

Die Schere zwischen Arm und Reich wird weiter geöffnet. Unser Problem wird immer größer. Die Abhängigkeiten verschärfen das Problem.

Dabei könnte man mit dem wirtschaftlichen Mehrwert in der Globalisierung unsere Problematik lösen, mindestens zum Teil. Dazu aber dürften die Mehrwerte nicht nur im CLUB landen.

Lassen Sie mich noch einmal klarstellen, meine globalökonomischen Aussagen in diesem Kapitel beruhen auf zitierten Fakten. Den bekannten Schweizer Sozialisten Jean Ziegler habe ich mehrfach zitiert, weil er eben in seiner Position als UN-Sonderbeauftragter die Fakten sprechen lässt, und nicht weil er Sozialist ist.

Die weltweit bedrohliche Situation lässt sich nicht hinunterdividieren in simple Schwarz-Rot- oder Links-Rechts-Muster, wie es vielfach geschieht.

Können Religionen oder Glaubensgemeinschaften Mitglied im CLUB sein?

Es liegt mir fern, mit diesem Buch allfällig bestehende Missstände und Unrichtigkeiten von Religionen und Glaubensgemeinschaften aufzuzeigen. Dies würde nicht nur am Thema vorbeigehen, ich wäre wohl auch der falsche Autor dafür.

Es liegt mir ebenfalls fern, die Gefühle einzelner Leser und Mitmenschen zu verletzen. Religion und Glauben sind delikate, persönliche, ja intime Themenkreise, die es auch als solche zu würdigen gilt.

Trotzdem erlaube ich mir, das Buchthema CLUB auch im Hinblick auf allfällige Auswirkungen und/oder Verbindungen zu Religionsgemeinschaften zu untersuchen. Die Gründe liegen ganz einfach in der vermuteten Größe und Machtfülle der einzelnen Glaubensgemeinschaften.

Viele Glaubensgemeinschaften, welcher Provenienz auch immer, sind nicht demokratisch aufgebaut, sind nicht transparent dargestellt, ja operieren zum Teil wie Geheimbünde. Verschwiegen und zum Teil gerade obskur. Entsprechend kann man in vielen Fällen nur Vermutungen anstellen, wie es vielleicht sein könnte, ja sein müsste, nimmt man die allgemein gültigen Richtlinien der menschlichen Logik als Grundlage.

So habe ich dies bei meiner Recherche auch empfunden und erlebt.

In den USA gibt es neben den bekannten Glaubensgemeinschaften Tausende von Freikirchen, meistens basierend auf irgendwelchen protestantischen Glaubensbekenntnissen. Bei näherer Betrachtungsweise sind dies in der Praxis nicht mehr als »Statussymbole« für reiche Amerikaner. Um diesen Kirchen etwas Gewicht zu verleihen, werden jeweils einige tausend Mitmenschen überredet respektive beeinflusst, auch mitzumachen. Informationen über das Finanzielle solcher Gemeinschaften sind leicht zu erhalten, sind die Amerikaner doch in ihrem Wesen offen zu

Aussagen des eigenen Vermögens und vor allem des Einkommens. Im Hinblick auf unsere Thematik wird uns dies hier nicht weiter interessieren.

In Europa interessieren natürlich die christlichen Gemeinschaften, oft sogar organisiert als Staatsreligionen. Da wird es mit der Informationsbeschaffung schon schwieriger, obwohl für jedermann leicht erkennbar ist, wie immens die Reichtümer der protestantischen und katholischen Kirchen sein müssen, wenn man allein schon auf die Grundeigentümer, nachgewiesen in den Grundbuchämtern, abstützen möchte.

Die verschwiegenste aller Gemeinschaften ist der Vatikan, so quasi die »Holdinggesellschaft« aller Katholiken, weltweit.

Es möge mir daher verziehen werden, wenn ich gerade diese Gemeinschaft auserwählt habe, um herauszufinden, ob auch hier eine Mitgliedschaft im CLUB besteht.

Vorab nur Folgendes: Ich bin fündig geworden!

Hier nun mein Bericht:

Die Interessen des Vatikans

> »Eher geht ein Kamel durch ein Nadelöhr, als ein Reicher ins Himmelreich.«
>
> Mt 19,24; Mk 10,25

Genau kennt man die Finanzreserven des Vatikans nicht. Es wird viel spekuliert, viel gemunkelt. Aber es wird auch aus Quellen geplaudert, die als »sicher« gelten.

Der Vatikan unterhält zwei Banken, zum einen die vatikanische Zentralbank APSA, zum anderen das *Istituto per le Opere di Religione* (IOR).

Dieses »Institut für Religiöse Werke«, oder besser bekannt als Vatikanbank, wurde 1942 von Papst Pius XII. gegründet, um den Ordensangehörigen einen unabhängigen Finanzplatz zu bieten.

Die Interessen des Vatikans

In der Folgezeit aber kam das Institut in Verruf, geriet unter Mafia-Verdacht, beschäftigte sich mit Geldwäsche und war auch anderen sittenwidrigen Betätigungen nicht abgeneigt.

Bis 1989 gab es keine Aufsicht über die Bank. Nachdem es jedoch zu Skandalen gekommen war, wurde die Bank reformiert und unter ein Aufsichtsgremium aus fünf Personen gestellt. Die Bank wird von einem weltlichen Manager, dem Bankier Angelo Caloia, geführt und von einer Kardinalskommission kontrolliert.

Die Vatikanbank ist zu einem internationalen Geldumschlagplatz geworden, der sich auch in Devisengeschäften übt. Eigentümer ist der Heilige Stuhl, an den auch die Gewinne fallen, die in den 1990er-Jahren etwa bei 32–40 Millionen US-Dollar jährlich bei einem Gesamtvermögen von rund vier Milliarden Dollar lagen.

Die APSA hingegen ist die Vermögensverwaltung des Heiligen Stuhls, die derzeit von Kardinal Attilio Nicora geleitet wird. Über die APSA werden die Gehälter gezahlt und wird über anfallende Investitionen entschieden.

Zu den Haupteinnahmequellen des Vatikans gehören Einnahmen aus Immobilien durch die Vermietung der rund 2.400 Häuser und Wohnungen außerhalb des Vatikans. Weitere Einnahmen stammen aus den Geschäften innerhalb des Vatikans: die Gewinne des Supermarktes ebenso wie die Einnahmen der Vatikantankstelle, der Apotheke und des Bekleidungsgeschäfts. Weitere Einnahmen kommen aus Souvenirläden und durch Spenden. Diese belaufen sich jährlich etwa auf 85 Millionen Euro. Weitere Einnahmequellen bieten der Verkauf von vatikanischen Euromünzen und Sonderprägungen sowie Briefmarken des Vatikanstaats.

Zudem gehören zum Vermögen des Vatikans Gold, das er in New York lagert, gut 850 Immobilien im geschätzten Wert von 1,5 Milliarden Euro sowie unbezahlbare Kunstschätze.

Von besonderem Interesse ist jedoch die IOR. Sie unterhält, wie Fabrizio Rossi in seinem Büchlein »Der Vatikan. Politik und Organisation« schreibt, etwa 10.000 Konten von Diözesen, Pfarreien, Ordensgemeinschaften, Angestellten des Vatikans sowie des vom Heiligen Stuhl akkreditierten diplomatischen Korps. »Privilegierte Laien erhalten die Möglichkeit, dort ein Konto zu eröffnen, wenn sie dem Geldinstitut wenigstens zehn Prozent ihrer Einlagen oder eine Pauschalsumme vermachen.«[20]

Von 1970 bis 1992 schrieb der Heilige Stuhl rote Zahlen. Im Jahr 1991 belief sich das Defizit auf 87,5 Millionen Dollar. Die Ursachen dieses Defizits sind nicht eindeutig bekannt. Es gab jedoch in jenen Jahren mehrere Umbuchungen, die dazu führten, dass dem Heiligen Stuhl defizitäre Belastungen zugeschlagen wurden. So hat zum Beispiel Radio Vatikan bis 1985 zum Heiligen Stuhl gehört, weil das Medium als dem Pastoralsamt zugehörig angesehen wurde. Dies bedeutete, dass mehr als 400 Angestellte mit einem hohen Überstundenvolumen zu entlohnen waren. 1994 ergab dies 30,5 Milliarden Lire Defizit.

Die Personalkosten machen ohnehin den höchsten Kostenbetrag aus. Er betrug in der römischen Kurie Anfang der 1990er-Jahre etwa 74 Milliarden Lire. Weitere 27 Milliarden Lire kosteten die Nuntiaturen, 3,7 Milliarden Lire die Versorgung einschließlich Büroreinigung, 3,9 Milliarden Lire Wartung und Reparatur sowie 15 Milliarden Lire für allgemeine und Verwaltungskosten. Dies macht insgesamt 123,6 Milliarden Lire aus.

Im Jahr 1994 betrug der Wechselkurs der Lira 1,0056 DM je 1000 italienische Lira, sodass sich die Kosten auf etwa 122,9 Millionen DM bzw. 62,8 Millionen Euro beliefen.

Problematisch für die Budgetplanung des Vatikans sind die unsicheren Quellen, aus denen ein großer Teil der Gelder stammt. Dies sind zum einen Spenden, zum anderen aber auch Finanzmarktaktivitäten, deren Erfolg aber nicht vorauszusagen ist. Das Vermögen des Vatikans lässt sich ebenfalls nur schwer abschätzen, weil weder die Bilanzen der Vatikanstadt noch des IOR offengelegt werden.

Thomas J. Reese vermutet zum Anlageverhalten des Vatikans zu Beginn des 20. Jahrhunderts, dass der Vatikan mit Devisenspekulationen und Goldgeschäften während der Weltwirtschaftskrise und des Zweiten Weltkriegs gutes Geld gemacht hat. »Nach dem Krieg hatte er stark in die italienische Industrie investiert, wohl in der Hoffnung, zum Wiederaufbau des Landes beizutragen und es nicht kommunistischer Kontrolle zu überlassen. Doch Papst Paul VI. begann den Besitz von oder die Anteile an italienischen Konzernen auf maximal 6 % zu beschränken und dafür in Wertpapiere zu investieren, weil die Aktivitäten solcher Konzerne die Kirche seiner Meinung nach nur in Verruf bringen konnten. Zu seiner Zeit wurde noch in erster Linie in Italien investiert, mittlerweile werden die Investitionen des Vatikans jedoch immer internationaler.«[21]

Besonders umsichtig ging der Vatikan Anfang der 1990er-Jahre im Devisenhandel vor. So hielt der Heilige Stuhl nur 30 % seines Barbestandes in Lira, 45 % in Dollar, den Rest in Yen, Englischen Pfund und Deutscher Mark. Als im Jahr 1992 die Lira stürzte, machte der Vatikan einen Devisengewinn von etwa 40 Milliarden Lire, was umgerechnet etwa 31 Millionen DM bzw. 16 Millionen Euro heißt.

Allerdings änderte sich das Blatt, als 1994 der Dollar fiel, sodass der Vatikan einen Verlust von 24 Milliarden Lire einfuhr.[22]

Letztlich verhält sich der Vatikan am Finanzmarkt in seiner Investitionstätigkeit traditionell konservativ. Dazu gehören auch seine Goldreserven, die an sich keinen Gewinn abwerfen, ihm aber wohl gewisse Sicherheiten bedeuten.

1994 wurde der Aktien- und Wertpapierbesitz des Vatikans auf knapp 500 Milliarden Lire geschätzt. Dabei wird der Anteil an festverzinslichen Wertpapieren auf etwa drei Viertel geschätzt, während Aktien ein Viertel ausmachen.

Mit diesen immensen Vermögenswerten wundert es eigentlich nicht weiter, wenn immer wieder auch zweifelhafte Geldgeschäfte durch klerikale Verantwortliche bekannt werden. Zu verlockend stellen sich ja die Möglichkeiten dar, die sich hier eröffnen.

Die Vatikanbank wurde hauptsächlich von Geistlichen geleitet, die sich jedoch, um das entsprechende Know-how zu erlangen, auf weltliche katholische Bankfachleute verlassen mussten. Allerdings gerieten sie damit auch an zwielichtige Finanziers wie den Finanzpartner Michele Sindona, der der sizilianischen Mafia nahestand und den größten Geldwäschering Europas aufbaute, dabei aber einer der führenden Bankiers war. »Für den Vatikan fädelte Sindona, der auf dem Höhepunkt ein Vermögen von 500 Millionen Dollar besass, zahlreiche Firmenauf- und -verkäufe ein, wobei er oft in die gleichen Firmen investierte.«[23]

Die Vatikanbank war 1973 an fünf Banken Sindonas beteiligt. Als dessen Imperium 1974 zu bröckeln begann, verbunden mit kriminellen Delikten, wirkte sich dies auch nachteilig auf die Vatikanbank aus. Sindona wurde in den USA zu 25 Jahren Haft verurteilt. Er war eine Gefahr geworden für zahlreiche höhergestellte Personen. Kurz nachdem er von den USA nach Italien ausgeliefert worden war, wurde er in einem italienischen Gefängnis vergiftet.

Eine weitere pikante Episode in den Finanzgeschäften des Vatikans bildet die Affäre um die Banco Ambrosiano, die insbesondere von Opus Dei umworben wurde. 1971 wurde Roberto Calvi Generaldirektor der Bank. Calvi war an zahlreichen illegalen Geschäften beteiligt. Dies führte »zu einer Bürgschaft der Vatikanbank für 10 Firmen Calvis und zu einer 16%-Beteiligung an der Banco Ambrosiano. Durch diese Kombination war der Vatikan letztlich an einem großen Geldwäschenetz beteiligt, zumal die Vatikanbank selber als eine der größten Durchgangsstellen für Kapitalfluchtgelder diente.«[24]

Darüber hinaus gehörte Calvi der Geheimloge P2 an, was 1982 zum Sturz der italienischen Regierung führte. »Eliten aus allen Geschäftsbereichen hatten sich in der P2-Loge zusammengeschlossen, um sich gegenseitig zu protegieren.«[25]

Opus Dei, das »Werk«, wollte die Privatbank zwecks Finanzierungen in Lateinamerika und Polen kontrollieren. Calvi hatte

Vertrauen in die Priester, deren Marionette er war. Der eigentliche Schlüssel zum Ganzen ist aber neben der vom Opus Dei kontrollierten Bank Occidental in Madrid die panamaische Scheinfirma *United Trading*, die Calvi im Namen der Vatikanbank vom Zürcher Anwalt Arthur Wiederkehr übernommen hatte. Wiederkehr, damals panamaesischer Honorarkonsul und Chef der Nordfinanz-Bank, war der Geschäftspartner verschiedener Opus-Dei-Banker. Darüber hinaus war er Gründer der von der mächtigen Opus Dei dominierten Limmat-Stiftung in Zürich. So schloss sich der Kreis.

1980 wurde Calvi in erster Instanz wegen Devisenvergehen und Betrügereien zu vier Jahren Haft verurteilt, arbeitete aber weiterhin mit Kardinal Marcinkus, Leiter der Vatikanbank, zusammen. Doch schon zu diesem Zeitpunkt zeichnete sich ein Zusammenbruch seines Imperiums ab. 1981 fand man ihn in London, erhängt unter einer Brücke. Nach der offiziellen Version war es Selbstmord, doch alle Indizien sprachen für Mord ...

Der folgende Zusammenbruch der Banco Ambrosiano, der größte Bankenkollaps der italienischen Geschichte, führte zu einem großen Image- und Finanzschaden für den Vatikan. In einem außergerichtlichen Vergleich zahlte der Vatikan 240 Millionen Dollar an die Gläubiger der Banco Ambrosiano. Dafür mussten zahlreiche lukrative Beteiligungen verkauft werden. Gegen den Hauptverantwortlichen auf Seiten des Vatikans, Kardinal Marcinkus, wurden 1982 Ermittlungen eingeleitet, die 1987 zur Erstellung eines Haftbefehls führten. Doch der Kardinal profitierte von der Souveränität des Vatikanstaates, der kein Auslieferungsabkommen mit dem italienischen Staat hatte und somit eine Auslieferung ablehnte. Kardinal Marcinkus konnte den Vatikan in der Folgezeit nicht mehr verlassen, blieb aber bis 1989 Leiter der Vatikanbank. 1996 wurde ein erneuter Skandal der Vatikanbank bekannt: 1991 waren mindestens 110 Millionen Dollar italienische Parteischmiergelder über die Vatikanbank abgewickelt worden.[26]

Man kann nun zum Thema Vatikan-Finanzen denken und sagen, was man will. Tatsache bleibt aber: Auch der Vatikan und somit die katholische Kirche ist Mitglied im CLUB. Dies ist daher brisant, weil ja Millionen von Bettlern in den Slums von Südamerika und anderswo katholischen Glaubens sind.

Ich habe gesagt brisant – man könnte auch sagen: einfach pervers!

Im Übrigen ist es selbstredend, dass dieses Thema innerhalb des CLUBs nur ungern angesprochen wird, auch nicht von Leuten wie dem bekennenden Katholiken Josef Ackermann, Chef der Deutschen Bank.

Kapitel 2: Die Fondsmanager, die Pensionskassen und alle anderen großen Akteure

Der wohl alles übertreffende Partner im CLUB ist die weltweite Gemeinschaft der Fonds. In diese Familie einzureihen sind auch die unzähligen »neuen« Finanzprodukte: Derivate, Zertifikate und Ähnliches.

Es liegt mir viel daran, Ihnen nachstehend die enormen Volumina dieser Kategorie von CLUB-Mitglied näherzubringen. Natürlich sind Zahlen zu Vermögenszahlen in diesem Zusammenhang sehr stark abhängig von der globalen Finanz- und Wirtschaftslage.

Fonds	Fonds-Volumen in Millionen Euro
Universal Euro F und C	554,5
Deka-EuroFlex Plus CF	1.573,8
Cominvest Short Term Plus	302,3
Kepler Cash Plus Fonds	102,1
DVG-Fonds Euro-Zins Plus	11,1
ESPA Cash Euro T	333,7
LBBW EuroLiquid BWK	146,4
Activest Euro-Geldmarkt Plus	3.708,6
AXA Eonia	4.233,7
SEB MoneyMarket	487,5
DB Portfolio Euro Liquidity	977,3
PWM Liquiditätsfondsmandat DWS Klassik R1	29,6
Capital Invest Euro Cash VT	1.164,3
HSBC Trinkaus Euro-Geldmarktfonds INKA	1.896,0
DWS Institutional EUR Garant	535,6
WestLB Mellon Compass Fund Euro Liquidity Fund A	168,1
FT Liquida	186,5
DWS Vario-Rent	903,3
Goldmann Sachs Euro Liquid Reserves Fund Pf	5.147,0
HAIG Geldmarkt-Fonds A	48,7
Summe	22.510,1

Quelle: Bloomberg, Feri Rating & Resekt-Fonds von Anfang bis Mitte 2006

Tabelle 7: Volumen der besten Euro-Geldmarktfonds Anfang bis Mitte 2006

Um das eigentliche Ausmaß aufzuzeigen, habe ich bewusst das mir zur Verfügung stehende statistische Material vor der großen Finanz- und Wirtschaftskrise verwendet.

Die Anzahl dieser Fonds und Finanzprodukte weltweit ist kaum eruierbar. Einige Beispiele zeigt Tabelle 8:

Fonds	WE 1 Jahr	WE 3 Jahre jährlich	WE 5 Jahre jährlich	Volumen in Milliarden Euro	Auflage
Templeton Growth	-2,1	-6,2	+6,7	13,7	Nov. 1994
Fidelity Funds – European Growth A	+12,9	-4,3	+10,4	7,8	Nov. 1954
Robeco	-7,7	-20,1	-2,3	6,1	Okt. 1990
DWS Vermögens-bildungsfonds I	+3,1	-12,2	+8,5	5,5	Dez. 1929
Pioneer Fund A	-5,4	-15,5	0,0	5,2	Dez. 1970
AriDeka	-4,8	-20,1	-5,1	4,5	Feb. 1928
DekaFonds	+13,1	-15,4	-3,7	3,6	Feb. 1962
Pioneer Value Fund A	-3,2	-14,0	-0,7	3,1	Nov. 1956
UBS (Lux) EF – Euro Countries	-0,7	-16,8	-2,9	2,9	Sep. 1969
Alle	+0,7	-12,5	+3,5	55,1	

WE = Wertentwicklung in %   Quelle: Morningstar; Stand: 25.11.03

Tabelle 8: Die zehn größten Aktienfonds in Deutschland

Die größten Geldmarktfonds weltweit haben ein Geldvolumen von mehr als 22 Milliarden Euro angesammelt, wie Tabelle 7 zeigt. Die zehn größten Aktienfonds in Deutschland, die in Tabelle 8 aufgeführt sind, übertreffen dies eindrucksvoll. Allein diese zehn Fonds umfassen ein Volumen von 55 Milliarden Euro in Deutschland.

Nach einer Pressemeldung der DWS Investment GmbH Frankfurt stieg im Jahr 2004 das weltweite Fondsvermögen währungsbereinigt um 10,1 % auf insgesamt 11,7 Billionen Euro, im Jahr 2005 sogar auf 14,5 Billionen Euro. Damit stieg das Fondsvermögen im Jahr 2005 um 25,6 %.

Die zehn größten Investment-Firmen, dargestellt in Abbildung 2, verwalten insgesamt rund 4,3 Billionen Euro:

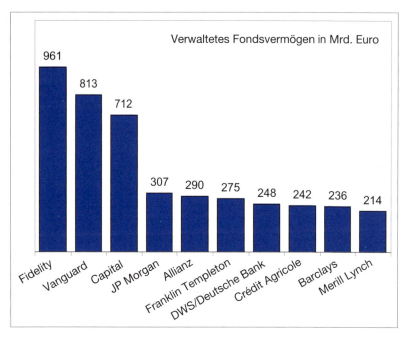

Quelle: DWS

Abbildung 2: Die zehn größten Investment-Firmen 2006

Es gibt unzählige Fonds, deren Zahl in die Millionen gehen. Noch unermesslicher sind natürlich die darin verwalteten, d.h. angesammelten Geldsummen, die sich auf zwei- bis dreistellige Billiardenbeträge belaufen dürften.

Einen Eindruck von der Prosperität dieser Branche vermittelt die Gewinnentwicklung der zehn größten Investmentbanken, die in Abbildung 3 dargestellt ist (Index 1. Quartal 2001 = 100):

Von 2001 bis 2006 stiegen die Gewinne um zweistellige Prozentzahlen: von einem Index 100 auf 172,8 im I. Quartal 2006, auf 165,7 im II. Quartal 2006 und – ein kurzer Einbruch – auf 136,3 im III. Quartal 2006.

Fondsmanager, Pensionskassen und andere große Akteure

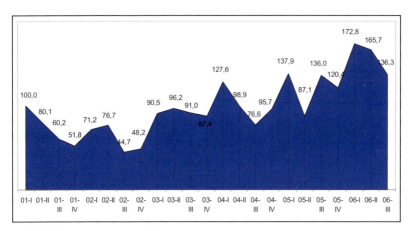

Quelle: Die Zeit, Nr. 52 vom 20. Dezember 2006, S. 23

Abbildung 3: Gewinnentwicklung der Investmentbanken 2001–2006

Auch hier muss grundsätzlich festgestellt werden, dass diese Art der Anlage an und für sich sehr sinnvoll sein kann. Mit einer Fondsanlage kann der Investor eine Risikoverteilung vornehmen, die er bei einer Einzelinvestition niemals erreichen würde.

Also – positiv gesprochen – können Fonds als Anlageinstrument sinnvoll sein. Volkswirtschaftlich sind sie es dann, wenn die Fonds nicht nur Unternehmensanteile kaufen, sondern die Gelder direkt in die Unternehmungen investieren, dies ist in der Praxis allerdings nur bei Kapitalerhöhungen oder Darlehensgewährungen möglich. Viele Fonds investieren meistens aber direkt wieder in andere Fonds, diese Pyramide kann theoretisch ins Unermessliche gehen. Bei diesen Geschäften geht es dann nicht mehr um die Diversifikation, sondern ausschließlich um die – mehr als unseriöse – Vermehrung der Spesen und Gebühren.

Lassen Sie mich an dieser Stelle noch einmal darstellen, was hier eigentlich geschieht.

Gelder, die innerhalb des volkswirtschaftlichen Kreises erwirtschaftet werden, also Betriebsgewinne, Löhne etc., werden nur noch angelegt, um spekulative Gewinne zu erzielen, vermindert um die überzogenen Gebühren und Abgaben an die Fondsmanager. Das Geld geht nicht mehr in den Wirtschaftskreislauf zurück, es werden keine Arbeitsplätze gebildet, keine unternehmerischen Mehrwerte mehr geschaffen. Diese Möglichkeiten stehen global gesprochen nur einem kleinen Kreis von Menschen offen, dies zu Lasten der großen Mehrheit.

Viele Fonds sind heute so organisiert, dass nur noch spekulativ Anteile anderer Fonds gekauft werden, das sogenannte »Fund in Fund«-System. Die so gekauften Fonds machen selbst wiederum genau dasselbe, und so wird die eine gekaufte Aktie gleich mehrfach, zur selben Zeit, immer wieder direkt und indirekt spekulativ gehandelt.

Dies hat natürlich seinen Grund: Der CLUB verdient immer mit, das weltweite Fondswesen ist nichts anderes als eine organisierte Abzocke.

Bei diesen Anlageformen ist der volkswirtschaftliche Nutzen lediglich darin zu sehen, dass die Fonds-Abzocker ihre Einnahmen teilweise wieder ausgeben und möglicherweise auch Steuern bezahlen.

Viele Fonds sind allerdings in sogenannten Off-shore-Zentren wie die Bahamas, die Bermudas, die Britischen Jungferninseln und andere angesiedelt. Die Manager ebenfalls. Diese Plätze haben eines gemeinsam: Die Sonne scheint fast das ganze Jahr und es werden keine Steuern erhoben. Und von diesem Ort aus ist es nicht mehr weit zum Heuschrecken-Fraß.

Darüber mehr in Kapitel 4.

Wo Geldgier und Macht zusammentreffen

Die »Heuschrecken«, der Begriff, den der damalige deutsche SPD-Fraktionsvorsitzende und heutige Parteipräsident Franz Müntefering geprägt hat, beschreibt prägnant und treffend die Hedge-Fonds und ihre Praktiken auf dem internationalen Finanzmarkt:

Hedge-Fonds kaufen sich in Unternehmen ein, wo sie eine kleine Gruppe von Aktionären bilden. Sie treten als Investoren auf und fallen durch ihr rücksichtsloses Vorgehen auf, indem sie die Unternehmen, die sie infiziert haben, dazu zwingen, kurzfristig Gewinne abzuwerfen und die langfristige, wirtschaftlich viel sinnvollere Unternehmenssicherung zu vernachlässigen.

Dies ist mindestens die Meinung vieler Politiker: Ich selber habe in meinem Investmentumfeld ähnliche Erfahrungen gemacht, obwohl mir natürlich bewusst ist, dass es auch seriöse Unternehmer gibt, welche das Instrument des Hedge-Fonds nutzen, um gutes Geld zu verdienen, sie sind allerdings eher selten anzutreffen.

Bis zur Wirtschaftskrise erfreuten sich Hedge-Fonds eines anhaltenden Wachstums. Ende 1995 gab es weltweit schätzungsweise 5.000 Hedge-Fonds mit einem verwalteten Vermögen von 200 Millionen US-Dollar. Bis zum Jahr 2008 wurde ihre Zahl auf etwa 8.500 geschätzt. Sie verwalteten rund 1,3 Billionen US-Dollar, was rund fünf Prozent aller in den USA verwalteten Vermögen entsprach.

»Damit ist ihre Bedeutung aber nur unzureichend beschrieben«, schreibt Prof. Dr. Manfred Weber, geschäftsführender Vorstand des Bundesverbandes deutscher Banken und Honorarprofessor an der Universität Potsdam, in der Fachzeitschrift »Wisu – Das Wirtschaftsstudium« am 18. Dezember 2006. »Denn durch Fremdkapitaleinsatz erreichen sie eine beträchtliche Hebelwirkung (›Leverage‹).«

Was mir an den Hedge-Fonds vor allem missfällt, ist die Tatsache, dass sie kommerziell und bewusst auf negative wirtschaftliche Geschehnisse spekulieren, also auf Geschäftsverluste einer Firma, insbesondere aber auf fallende Aktienkurse einer Gesellschaft. Dies ist an und für sich schon widerlich. Dazu kommt noch, dass solche Aktionen durch Markttechniken auch bewusst herbeigeführt werden können.

In der Branche spricht man hier von »Short Selling«.

Die Hedge-Fonds sind also nichts anderes als wirtschaftsschädigende Gebilde, deren Ziel es ist, ihre wirtschaftlichen Positionen zu stärken, indem sie die übrigen Wirtschaftsteilnehmer versuchen zu schädigen, ja zu vernichten.

Die Folge daraus sind jeweils der Abbau von Arbeitsplätzen, die Reduktion von Steuersubstraten sowie eine Verlangsamung des Wachstums.

Wie bedeutend dies sein kann, beweist das Beispiel des bekannten Spekulanten George Soros, dem es gelungen ist, Anfang der Neunzigerjahre die britische Währung Pfund aus dem Lot zu bringen. Dies mit schwerwiegenden Folgen, nicht nur für Großbritannien.

Also noch einmal: Ein einziger, windiger Hedge-Fonds-Spekulant kann mit einer gezielten Aktion Teile unserer globalen Volkswirtschaft in Schwierigkeiten bringen.

Glauben Sie, dass dies richtig ist? Ich nicht.

Ich selber gehöre zu den Menschen, die der Meinung sind, dass unsere Gesellschaftsordnung mit so wenig Gesetzen wie möglich funktionieren sollte. In diesem Falle plädiere ich allerdings dafür, dass Gesetze geschaffen werden, um solchen Scharlatanen das Handwerk zu legen.

Leider stelle ich heute fest, dass trotz einer nie da gewesenen Finanz- und Wirtschaftskrise, diese Erkenntnis nicht so verbreitet ist, wie es eigentlich anzunehmen wäre.

In verschiedenen »Rettungsgremien« nehmen auch heute wieder Hedge-Fonds-Manager Einsitz.

An der G-20-Konferenz vom 2. April 2009 in London wurde

von den entsprechenden Regierungschefs beschlossen, die Hedge-Fonds wie auch die Rating-Agenturen zukünftig global zu regulieren, d. h. zu kontrollieren.

Diese Maßnahme drängte sich aufgrund der Finanz- und Wirtschaftskrise wohl politisch auf. Dies ist sicher gut gemeint, nur wissen wir heute, dass die Regulierungsbehörden auch nur aus Menschen bestehen, die Fehler machen.

Es ist wohl unbestritten, dass die Regulierungsbehörden der Banken es erst möglich machten, dass durch Untätigkeit die Finanzkrise entstehen konnte.

Die Strukturen der Fonds und der Banken

Die meisten Manager erhalten ein Grundgehalt und zusätzlich einen Bonus. Daran ist nichts auszusetzen. Dies ist im Interesse der Unternehmung.

Nun wird aber in neuester Zeit für die Bonusbemessung oftmals als Grundlage der Anstieg des Aktienkurses genommen (Shareholder-Value-Gedanke). Dies ist nicht unbedingt im Interesse des Unternehmens, weil seine Entwicklung nicht kongruent sein muss mit der Aktienentwicklung. Die Aktienkursentwicklung ist häufig nur ein Resultat der Spekulation – volkswirtschaftlich schädlich. Mit dieser falschen Bonuspolitik werden nur die Spekulationen weiter angeheizt und die Aktienrückkaufsprogramme der Manager gefördert.

Die meisten Fonds und Finanzprodukte werden von Banken und ähnlichen Institutionen ausgegeben. Häufig werden diese Produkte maßgeschneidert errichtet für die »angeblichen« Bedürfnisse der Kunden.

Tatsächlich aber entsprechen diese Fondsstrukturen nur den Bedürfnissen der Banken und der Fondsmanager. Diese werden für den gleichen Arbeitsaufwand gleich mehrfach bezahlt.

Jeder Fonds wird von Anlageprofis gemanagt, in der Regel

mit fester und variabler Honorarregelung, sprich: Gewinnbeteiligung.

Im Jahr 2006 waren die Bonuszahlungen hoch wie schon lange nicht mehr. In der City of London waren rund 350.000 Banker, Trader und Fondsmanager tätig, wie *Die Zeit* in ihrer Ausgabe vom 20. Dezember 2006 vermerkt.»Und in den nächsten Monaten werden sie dafür königlich entlohnt. Rund neun Milliarden Pfund schütten Banken, Hedge-Fonds, Vermögensverwalter und Investmenthäuser in diesem Jahr an ihre Mitarbeiter aus – so viel wie noch nie ... Während Reinigungskräfte in der vergangenen Woche bei der Investmentbank Goldman Sachs streikten und ein paar Pfund mehr Lohn forderten, schätzt das Center of Economics and Business Research (CEBR), dass rund 4200 City-Banker in diesem Jahr jeweils einen Bonus von einer Million Pfund oder mehr einstreichen werden.«[27]

Die einzige Triebfeder, die diese Geldmanager umtreibt, ist Geld. »Die Kunst für Vorstände und Teamleiter ist es daher, den großen Bonustopf so auszuschütten, dass jeder Mitarbeiter so viel bekommt, wie er im Team wert ist. Ist es in den Augen des Empfängers zu wenig, kommt sofort der Anruf beim Personalvermittler.«[28]

Das Jahr 2006 brachte auch wieder enorme Gewinne. Goldman Sachs meldet 9,4 Milliarden Dollar als vorläufigen Jahresgewinn. Dies ist mehr als doppelt so viel wie in den beiden vorangegangenen Jahren zusammen.

Für den kleinen Anleger, der sein sauer verdientes Geld in einen Aktienfonds steckt, sieht die Rechnung ganz anders aus. Zunächst entrichtet er eine jährliche Verwaltungsgebühr, die einen bestimmten Prozentsatz vom Fondsvermögen ausmacht. Dies scheint den Fondsmanagern jedoch nicht zu genügen. So haben die Gesellschaften seit einiger Zeit sogenannte Performance Fees als erfolgsabhängige Entlohnung eingerichtet. Diese Gebühr fällt an, sobald der Fonds besser läuft als ein Vergleichsindex.

Die Strukturen der Fonds und der Banken

Der Anleger kann sich dabei nur die Augen reiben. Eigentlich wählte er den Aktienfonds, weil er angenommen hatte, dass dieser ohnehin besser läuft als die kostengünstigere Investition in einen Indexfonds.[29]

Dies bedeutet, dass der Anleger in dieser Anlageform mehrfach belastet wird, durch Transaktionsgebühren, Verwaltungsgebühren und horrende Gewinnanteile der involvierten Managementgesellschaften und Banken.

Viele Banken arbeiten mit sogenannten Verwaltungsvollmachten für ihre Kunden. Dies bedeutet, dass diese Banken ihren Kunden nur noch diese eigenen Produkte in die Portfolios legen. Entspricht ja auch einer gewissen wirtschaftlichen Logik.

Es gibt viele Banken, die allen Kunden mit einem Vermögen von weniger als einer Million Euro nur noch solche Produkte offerieren.

Hierzu sei angemerkt, dass in den Augen der großen Finanzwelt Vermögenswerte unter einer Million Euro eher »unbedeutend« sind. Viele Banken nennen dies ökonomisch uninteressant. So will es nun einmal die Arroganz des Geldes im CLUB.

Wohl eher schwer verständlich für denjenigen Kunden derselben Bank, der einen Kredit von 100.000 Euro für sein Unternehmen beantragt und ihn nicht bekommt.

In der jetzigen Krise gibt es haufenweise Banken, die Milliardenbeträge in den Sand gesetzt haben. Nehmen wir einmal an, es seien bei einem Institut, beispielsweise bei der Deutschen Bank AG, fünf Milliarden gewesen. Mit diesem Geld hätte dieselbe Bank 50.000 (!) Mittelstandsunternehmen einen Betriebskredit von 100.000 gewähren können. Gehen Sie weiter davon aus, jeder Betrieb hätte dadurch zehn Arbeitsplätze schaffen können … Soll ich noch weiter ausführen?

Aber nun wieder zurück zu den Fonds.

Die Banken und Finanzkonzerne sowie die Fondsmanager verdienen im Fondsgeschäft – unabhängig von der Marktentwicklung – immer. Der Bankkunde jedoch verdient nur Geld, wenn die Märkte positiv sind. Seine Gewinne werden aber auf jeden Fall geschmälert durch die Vielfachbelastung aufgrund der vom CLUB festgelegten Strukturen in diesem Geschäft.

In jedem Fall auf der Verliererseite ist die Volkswirtschaft – das heißt: wir alle, die das Anmeldeformular für den Eintritt in den CLUB noch nicht erhalten haben. Machen wir uns nichts vor, die meisten von uns werden dieses Formular auch nie erhalten.

Die UBS AG als größter Vermögensverwalter der Welt entstand am 29. Juni 1998 durch Fusion der 1862 gegründeten Schweizerischen Bankgesellschaft und des 1872 gegründeten Schweizerischen Bankvereins. Sie hat ihren Sitz in der Schweiz als Aktiengesellschaft nach schweizerischem Aktienrecht und den schweizerischen bankengesetzlichen Bestimmungen.

In der Sonntagszeitung Zürich vom 4. Juni 2006 finden sich einige interessante Angaben zu den UBS-Einnahmen 2005 nach Sparten:

Vermögens- und Asset-Management	42 %
Investment Banking	44 %
Retail und Business Banking Schweiz	12 %
Anderes	2 %

Das Kreditgeschäft stellt also nur noch einen verschwindenden Teil innerhalb der UBS dar.

Die UBS kaufte in den letzten Jahren verschiedene Vermögensverwaltungsbanken mit einem Verwaltungsvolumen von annähernd 1000 Milliarden, also einer Billion Schweizer Franken.

Die UBS bestätigt, dass sie zukünftig weitere Akquisitionen in diesem und anderen Bereichen tätigen wird. Die hohen Gewinne der UBS während der letzten Jahre erhöhen die Gewinnerwartungen der Anleger. Diese Erwartungen können nur noch durch Zukäufe erfüllt werden. Wohlverstanden, alles innerhalb des CLUBs.

Und wo steht die UBS heute? Wie lange existiert sie noch? Wie viele Milliarden muss der Staat noch einschießen?

In den Tageszeitungen werden wir mehr darüber erfahren.

Größter Börsenplatz nach der Zahl der notierten Unternehmen ist die London Stock Exchange (LSE). London hat sich ohnehin in den 1990er-Jahren zum führenden Börsenplatz in Europa gemausert. Die Stadt vergleicht sich heute nur noch mit New York. Frankfurt oder auch Paris sind ins Hintertreffen geraten.

Einige Zahlen:

In London sitzen 264 internationale Banken. 70% des globalen Handels mit Euroanleihen findet in London statt, der Devisenhandel findet zu 31% dort statt, ein Fünftel des internationalen Kreditgeschäfts wird in London abgewickelt.

Noch immer aber ist die New Yorker Börse, die New York Stock Exchange, führend in der Welt. Das Volumen an Aktienumsätzen ist dort doppelt so hoch wie in London. Bezieht man die übrigen amerikanischen Börsenplätze ein, so wird deutlich, dass die Macht der amerikanischen Börsen selbst für London noch längst nicht erreichbar ist.

In Teilbereichen jedoch läuft London den Amerikanern bereits den Rang ab. Das Wachstumssegment der Londoner Börse, der Alternative Investment Market AIM, verzeichnete bereits mehr Börseneinführungen ausländischer Unternehmen als die NASDAQ (National Association of Securities Dealers Automated Quotations). Dies zeigt Abbildung 4:

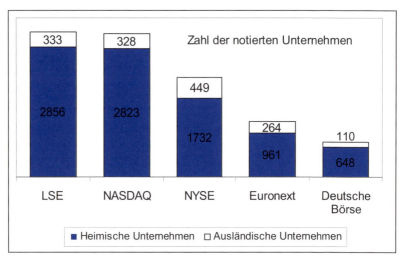

Quelle: World Federation of Exchange Members

Abbildung 4: Die größten Börsenplätze

Während der Versuch der Deutschen Börse AG, die London Stock Exchange zu übernehmen, fehlgeschlagen ist, hat sich die amerikanische Computerbörse NASDAQ mit 25 % in London eingekauft.

Ein wichtiger Grund dafür, dass dies in London reibungslos passiert, liegt in der britischen Einstellung gegenüber den Hedge-Fonds, die dort nur geringeren Regulierungen unterworfen sind und mit offenen Armen empfangen werden.

Aus diesem Grund versammeln sich die meisten Hedge-Fonds mit Vorliebe in London. Die Hälfte des Geschäfts der Londoner Börse wird von Hedge-Fonds betrieben, also von volkswirtschaftlichen »Schädlingen«.

Die positive Atmosphäre für die Geldmanager ist in London im Vergleich zu Deutschland paradiesisch: Dort werden Arbeitsplätze im Finanzbereich steuerlich gefördert, darum ergab sich aus der Blüte der Londoner Börse auch ein Boom bei den Arbeitsplätzen. Hinzu kommt, dass ausländische Arbeitnehmer in der Londoner City günstigen Ausnahmeregelungen unterliegen.

Amerikanische Investmentbanken wie auch die Londoner Finanzaufsicht beschäftigen in der Innenstadt rund 80.000 Mitarbeiter. Weitere 320.000 Mitarbeiter sind in der Londoner City beschäftigt. Insgesamt arbeiten in London fast eine halbe Million Menschen im Finanzbereich.

Wie wir wissen, haben sich nun die vorher beschriebenen Größenordnungen im Jahr 2009 massiv nach unten verschoben. Wieso? Ja natürlich, wegen der Finanz- und Weltwirtschaftskrise. Ergo, wegen der Krise und nicht kraft Einsicht der Marktteilnehmer oder, besser gesagt, der CLUB-Mitglieder. Es brauchte also eine Krise, um diese fast irrsinnigen Größenordnungen von reinem Spekulantentum zu unterbrechen. Es brauchte also eine Krise, verursacht allein durch die CLUB-Mitglieder!

Bitte erinnern Sie sich kurz daran, was Sie bisher gelesen haben.

Mit Geld, das der Volkswirtschaft, d.h. uns allen, über Jahre hinweg entzogen wurde, haben die CLUB-Privilegierten spekulativ eine Blase aufgebaut, um sich selber zu bereichern und um dann durch Gier und Dummheit uns alle wiederum in die Krise zu treiben. Ich weiß, diese Worte klingen extrem, sie klingen brutal hart, aber genau dies und nichts anderes hat sich während der letzten Monate abgespielt.

Schon allein die Tatsache, dass nicht die Einsicht etwas verändert hat, muss nachdenklich stimmen. Demzufolge ist es nicht allzu falsch, wenn für die Zukunft davon ausgegangen werden kann, dass das Gleiche wieder passieren könnte, sollten die Marktteilnehmer nicht bereit sein, sich langsam, aber sicher dieser Herausforderung zu stellen.

Mehr darüber in den folgenden Kapiteln.

Vom System gelenkte Vermögensvernichter – Hedge-Fonds

Die Europäische Zentralbank EZB hatte noch vor kurzem in einem ihrer Berichte zur Finanzmarktstabilität festgestellt, dass die Hedge-Fonds ein bedeutendes Risiko für die Stabilität des weltweiten Finanzsystems darstellen.

»Ein Zusammenbruch eines größeren oder diverser kleinerer Fonds könnte gravierende Folgen für unser Finanzsystem haben. Die Fonds spielen am globalen Finanzmarkt eine immer wichtigere Rolle.«

So die eindringliche Warnung vor dem Ausbruch der Krise! Und was ist passiert? Ja, wir wissen es.

1990 betrug das Anlagevolumen der Hedge-Fonds noch rund 50 Milliarden US-Dollar. 2005 belief es sich bereits auf 1,2 Billionen US-Dollar in rund 10.000 Fonds, und für 2008 erwartete man bereits 1,6 Billionen Dollar.

Viele Fondsmanager verfolgen eine ähnliche Anlagestrategie. Entsprechend groß ist das Risiko des Herdentriebs, das heißt: größere Volumen angelegter Gelder können zur selben Zeit aufgelöst werden.

Interessant scheint die Tatsache, dass eine Behörde wie die EZB bzw. eine europäische Institution sich ernsthaft Gedanken macht über das Treiben im CLUB. Sie macht sich Gedanken, sie warnt, passieren tut aber nichts. Und es kam, was kommen musste, der völlige Zusammenbruch der Märkte.

Fachleute waren sich dieser Gefahr schon lange bewusst. Bei den Hedge-Fonds-Managern handelt es sich kurz gesagt um Spekulanten. Sie gehen Wetten am Finanzmarkt ein, die sie jedoch genau kalkulieren und zum eigenen Vorteil zu wenden verstehen.

Hedge-Fonds-Manager verfügen über umfangreiche Informationsmöglichkeiten, mit denen sie glauben, die Märkte einschätzen zu können, um künftige Entwicklungen rechtzeitig vorauszusehen.

Dabei befassen sich diese Spekulanten nicht mit der Produktion von Waren oder mit dem Erbringen von Dienstleistungen. Sie sind einzig am Geldgewinn interessiert, schaffen also keine Werte.

Im Jahr 2007 verdienten Hedge-Fonds-Manager so viel wie nie zuvor. Der erfolgreichste von ihnen, John Paulson, so berichtet die Süddeutsche Zeitung,[30] verdiente 3,7 Milliarden US-Dollar und damit den größten Jahresverdienst in der Geschichte der Wall Street. Die 25 erfolgreichsten Hedge-Fonds-Manager verdienten im Jahr 2007 zusammen 22 Milliarden US-Dollar und »damit mehr als die gesamte Bevölkerung Estlands in einem Jahr erwirtschaftet«. Dies entspricht einer Einkommenssteigerung von 68%.

Im selben Zeitraum müssen amerikanische Hausbesitzer um ihre Finanzierung bangen oder gehen im Zuge der Finanzkrise und der Subprime-Hypothekendarlehen reihenweise pleite.

Die Problematik dabei liegt darin, dass Spekulanten und insbesondere Hedge-Fonds-Manager nur am eigenen Gewinn interessiert sind und die Funktion von Angebot und Nachfrage ausgehebelt wird. So kann es vorkommen, dass an sich »unnatürliche« Bewegungen auf den Finanzmärkten angestoßen werden. Darin liegt aber genau die Gefahr.

Andererseits stehen dem auch widersprüchliche Meinungen gegenüber. Immer häufiger ist der Ruf nach einer Regulierung der Hedge-Fonds zu hören. Vor allem kontinentaleuropäische Politiker und Finanzvorstände wollen die Hedge-Fonds an die Leine legen. Angelsächsische Verantwortliche sehen demgegenüber in der Selbstverpflichtung der Fonds die beste Lösung. Dies bis zum 2. April 2009, wo in London die G-20-Regierungschefs beschlossen haben, Hedge-Fonds einer globalen Regulierung zu unterstellen.

Das Wirken von Hedge-Fonds, am Beispiel der Deutschen Börse AG

Die Deutsche Börse AG ist ein schönes Beispiel dafür, wie Hedge-Fonds, trotz geringer Beteiligung am Aktienkapital, direkt in die Geschäftsleitung eingreifen und wie sie die Zerschlagung eines Konzerns hintertreiben können.

Bereits 2005 erreichten Hedge-Fonds, dass der damalige Vorstandschef der Deutsche Börse AG, Werner Seifert, seinen Stuhl räumen musste. Seifert hat ein Buch geschrieben über diese Aktion: »Invasion der Heuschrecken«, erschienen im Econ-Verlag, ein sehr aufschlussreiches Buch über die Strukturen im Bank- und Börsenwesen.

In einer seltenen Offenheit erklärt Seifert nicht nur die Struktur des Bank- und Börsenwesens, er stellt auch dar, wie die Deutsche Börse AG seit Jahren funktioniert. Beim Lesen seiner Ausführungen spürt man richtig, wie stolz er war, Mitglied im CLUB zu sein. Mit salbigen Worten beschreibt er, wie unverschämt hoch die Gebühren der Deutschen Börse AG waren. Diese haben sich übrigens bis heute nicht verändert, jedenfalls nicht nach unten.

Wenn ein Mittelstandsunternehmer täglich zwölf und mehr Stunden arbeitet, Lehrlinge ausbildet, Arbeitsplätze kreiert, sein Privatvermögen in die Firma steckt, weil die Banken die Kredite verweigern, muss einem beim Lesen der Lektüre von Seifert das »große Kotzen« kommen. Dieser Ausdruck sei entschuldigt, leider gibt es in der deutschen Sprache keine Beschreibung, die besser passen würde.

Sie müssen auch wissen, dass diese Politik von vielen Persönlichkeiten der Politik, der Wirtschaft und der Großbankenwelt getragen wurde und immer noch wird. Da hat die Krise bis heute nichts bewirkt.

Seifert konstatiert in seinem Buch, dass es in Europa viel zu viele Börsen gebe, sodass eine Fusion der Deutschen Börse AG und der London Stock Exchange Einsparungen in Milliardenhöhe bringen könnte, die allen Beteiligten zufallen würden. Allerdings trifft dies nur für die Großkonzerne zu, während gerade für kleine und mittlere Unternehmen zu wenig Börsenplätze verfügbar sind.

Anfang 2005 kauften sich mehrere Hedge-Fonds massiv in die Deutsche Börse AG ein, darunter »The Children's Investment Fund« (TCI) mit Christopher Hohn an der Spitze. Dieser war, nach Seifert, die treibende Kraft in der Verhinderung der Fusion zwischen Deutscher Börse AG und London Stock Exchange.

Durch massive Aktienkäufe stieg der Kurs der Deutschen Börse AG enorm. Der TCI hatte schnell acht Prozent der Aktien der Deutschen Börse AG gekauft. Gleichzeitig übernahmen auch andere Hedge-Fonds Anteile der Deutschen Börse AG. Seifert spricht von nur zwölf Akteuren, die auf diese Weise Macht im Finanzkonzern erlangten und dadurch Einfluss auf die Unternehmensführung ausüben konnten.

Dies ist ein typisches Beispiel für viele Großkonzerne heute, die in die Hände einiger weniger Hedge- und anderer Fonds fallen. Einige wenige geldgierige Fondsmanager bestimmen dadurch über Millionen von Arbeitsplätzen.

Seifert beklagt hier etwas, was er selbst mit zu verantworten hat. Letztlich hat er die Strategie der Deutschen Börse AG stark mit beeinflusst, zusammen mit dem langjährigen Chef der Deutschen Bank, Rolf E. Breuer, seinem prominenten Förderer.

Seifert bestätigt auch indirekt, dass die Wertpapierhandelskosten viel zu hoch sind. Nur so konnte die Deutsche Börse AG solch horrende Gewinne während der letzten Jahre erzielen und Kapital anhäufen, das eine Übernahme der London Stock Exchange ermöglichte. Auch in der Zeit des Neuen Marktes, als Dutzende von börsennotierten Unternehmungen Insolvenz anmelden mussten und Tausende von Mitarbeitern entlassen wurden, verzeichnete die Deutsche Börse AG noch Gewinne.

Der deutsche Kapitalmarkt ist heute nicht mehr unterentwickelt, obwohl die US-Börsen natürlich immer noch viel wichtiger sind. Diese Entwicklung ist aber vor allem ausländischen Investoren zu verdanken. Die deutschen Anleger und Unternehmer stehen dem Aktienmarkt immer noch reserviert gegenüber. Tatsache ist, dass die wenigsten deutschen Privatpersonen überhaupt Aktien besitzen.

Würde nur jeder Dritte deutsche Aktien kaufen, gäbe dies einen unglaublichen Auftrieb für die Märkte. Dies würde möglicherweise auch eine Einstiegsmöglichkeit für kleinere und mittlere Unternehmungen eröffnen, soweit entsprechende Börsenplätze vorhanden sind.

Seifert beklagt die »erschreckend« hohen Handelskosten an der Börse. Er kam ins Grübeln, als die Gewinnspannen im Jahr 2004 so hoch waren, »dass wir uns bei Spezialisten Rat holten, ob solche Ertragserwartungen überhaupt noch rechtmäßig waren«.[31] Er bezeichnet die Deutsche Börse AG als »wunderbare Geldmaschine«. Das heißt übersetzt also: reine Abzocke.

Die Umsätze der Deutschen Börse waren zu jener Zeit seit Jahren gestiegen, jährlich um zehn Prozent, die Gewinne sogar um fünfzehn Prozent. Die Befürchtung sieht so aus: Wenn sich an diesem Wachstum etwas ändert, würde der Aktienkurs der Deutschen Börse AG sinken. Dies hätte zur Folge, dass sich die Firmenpolitik nur nach dem Aktienwert der Gesellschaft richtet. Die Geldgier nimmt wieder das Zepter in die Hand. Der volkswirtschaftliche Verstand wird ausgeschaltet.

Besonders hoch sind die Gebühren der Hedge-Fonds. Seifert spricht von zwanzig Prozent der Gewinne und zwei Prozent des Anlagevermögens bis hin zu 44 % der Gewinne und fünf Prozent des Anlagevermögens. Laut der Zeitschrift *Economist* verdiente die gesamte Branche 2004 rund 45 Milliarden Dollar.[32] Dies beruht auf horrenden, ja unverschämten Gebühren der Fondsmanager.

Wenn man diese Höhe berücksichtigt, so fallen die Renditen an den Hedge-Fonds für ihre Anleger genau genommen recht mager aus. Dem steht das dennoch recht hohe Risiko der Anlage in Hedge-Fonds gegenüber. Denn, wie Seifert schreibt, von den Hedge-Fonds, die es im Jahr 1996 gab, existiert nur noch ein Viertel. 270 der 7000 Hedge-Fonds haben geschlossen, 400 neue wurden gegründet.

Institutionelle Anleger dominieren heute den Markt. 85 % der Unternehmensaktien in den USA gehörten noch 1965 den Privatanlegern. Heute hat sich das Verhältnis umgekehrt. Das ist deshalb problematisch, weil institutionelle Anleger aufgrund ihres jeweiligen Auftrags ausschließlich am Shareholder Value interessiert sind, nicht aber an der Zukunft und dem langfristigen Bestand des Unternehmens.

Der Hedge-Fonds Atticus etwa hatte bereits im März 2005 den Vorstand der Deutschen Börse AG aufgefordert, zwei Milliarden Euro an die Aktionäre auszuschütten. Der Hedge-Fonds hielt damals noch 5,5 % an der Deutschen Börse.

Nachdem die Deutsche Börse AG auf Druck der Hedge-Fonds den wochenlangen Kampf um die Übernahme der London Stock Exchange aufgegeben hatte, sollte sie auf Betreiben der Hedge-Fonds Atticus und TCI, derzeit 10,06 % der Aktien, den Anteilseignern die Barmittelbestände ausschütten. Dies geschah dann auch. Die London Stock Exchange sei laut den Hedge-Fonds zu teuer. Anstelle der kostspieligen Fusion wollten sie die Bargeldbestände, die zur Übernahme gedacht waren, kassieren.

Nun setzen sie den Nachfolger Seiferts, Reto Francioni, unter Druck, indem Atticus vom Aufsichtsratschef Kurt Viermetz fordert, 20 % der Aktien zurückzukaufen. Atticus hält zur Zeit seiner Forderungen im Jahre 2007 bereits 11,68 % bzw. 11,9 Millionen Aktien.

Außerdem soll sich die Deutsche Börse AG von ihrer Wertpapierabwicklungs-Sparte Clearstream trennen. Ziel dieser Strategie ist die Erhöhung des Aktienkurses.

Der Vorstandschef Reto Francioni stellte sich zwar auf einer Bilanzpressekonferenz gegen eine Abspaltung von Unternehmensteilen. Jedoch wurde eine Umstrukturierung der Gruppe in eine Holding mit mehreren separaten Tochterunternehmen erwogen. Dies würde dazu führen, dass die Abwicklungssparte Clearstream rechtlich abgespalten wird. Im Ergebnis würde dies also dem Willen der Hedge-Fonds entsprechen. Die Übernahme der Londoner Börse war also gescheitert.

Im September 2008 trat wieder Christopher Hohn, der Chef des Hedge-Fonds TCI, auf den Plan. Er forderte den Verkauf des Aktienhandels an die Londoner Stock Exchange – damit Geld in die Kasse kommt, das dann wohl an die Hedge-Fonds ausgeschüttet werden sollte. Wie das Manager-Magazin meldete, brennt es bei den Herren Christopher Hohn und Co. unter dem Stuhl. Die Finanzmarktkrise der beiden Großaktionäre der Deutschen Börse AG, Atticus und TCI, hatte ihnen selbst im Jahr 2008 gehörig zugesetzt. Allein Atticus soll auf diese Weise bereits fünf Milliarden Dollar verloren haben. Gerüchte sprachen sogar davon, dass den beiden Hedge-Fonds das Wasser bis zum Hals steht, ihre Investoren drohten das Geld abzuziehen.[33]

Die Deutsche Börse AG war also in einer stärkeren Position als 2005. Die beiden Hedge-Fonds drangen alternativ auf einen Verkauf, entweder des Aktienhandels, einen Teil der Derivate-Tochter Eurex oder des Wertpapierabwicklers Clearstream. Es ging ihnen ums Geld, denn dadurch könnten einige Milliarden Euro als potenzielle Sonderausschüttung eingenommen und anschließend an die Aktionäre ausgeschüttet werden.[34]

Zum Zeitpunkt der Entstehung dieses Buches hatte sich die Gruppe Deutsche Börse AG zu einem ansehnlichen Unternehmen gemausert, wie Abbildung 5 zeigt.

Vom System gelenkte Vermögensvernichter – Hedge-Fonds 103

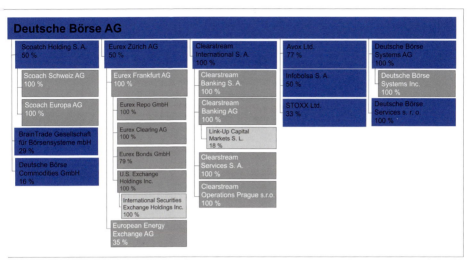

Quelle: http://deutsche-boerse.com/dbag/dispatch/de/kir/gdb_navigation/about_us/10_Deutsche_Boerse_Group/30_Company_Structure

Abbildung 5: Struktur der Gruppe Deutsche Börse AG

Christopher Hohn biss damit auf Granit. Dies zeigte sich darin, dass es ihm nicht gelang, den Aufsichtsratschef Kurt Viermetz abzulösen. »Statt sich wie von Hohn gefordert nach der Hauptversammlung im kommenden Frühjahr zurückzuziehen, ist Viermetz fest entschlossen, für eine weitere Amtszeit zu kandidieren«, schreibt am 25. September 2008 das Manager-Magazin.[35] Es ist also kein großes Wunder, dass sich im März 2009 die Gerüchte über einen Austritt der Hedge-Fonds aus der Deutschen Börse AG verdichten. Dann wäre sie ihre lästigen Heuschrecken endlich los.

Die vorläufigen Geschäftszahlen für 2008 sahen bei Umsatz und Ergebnis recht gut aus: Die Umsatzerlöse sind mit auf 2.455,1 Millionen Euro um 12 Prozent gegenüber dem Vorjahr gestiegen (2007: 2.185,2 Millionen Euro). Der Konzern-Jahresüberschuss ist mit 1.033,3 sogar um 13 Prozent gegenüber 2007 mit nur 911,7 gewachsen. Damit stieg das Ergebnis je Aktie um 15 Prozent auf 5,42 Euro gegenüber 4,70 Euro im Jahr 2007. So schlägt der Vorstand der Deutschen Börse AG eine Dividende auf Vorjahresniveau von 2,10 Euro je Aktie vor. Dies entspricht einer Dividendenausschüttungsquote von 38 Prozent. 2008 beträgt damit der an die Aktionäre der Deutschen Börse AG ausgeschüttete Betrag 770 Millionen Euro.[36]

An wen werden nun diese hohen Ausschüttungen gezahlt? Dies lässt sich anhand der Struktur der Anteilseigner ablesen. Zum 25. März 2009 stellt sich diese wie folgt dar:

66,94 %	Streubesitz
19,30 %	Atticus Capital LP, gepoolt mit TCI
4,75 %	eigene Anteile
2,96 %	Lone Pine Capital LLC
2,91 %	FMR LLC (Fidelity Management & Research)
2,41 %	UBS AG
0,73 %	Credit Suisse Group[37]

Etwa ein Fünftel dieser Ausschüttungen, also knapp 150 Millionen Euro, gehen an den Hedge-Fonds Atticus in Gemeinschaft mit TCI und knappe drei Prozent an den Hedge-Fonds Lone Pine Capital LLC (ca. 22,8 Millionen Euro). Eine nur unwesentlich kleinere Summe geht an die Kapitalanlagegesellschaft Fidelity Management & Research, die größte ihrer Art weltweit.

Auch die London Stock Exchange ist von Hedge-Fonds infiltriert und hat sich bereits in deren Sinne reorganisiert. Sie wurde in eine Holding umgewandelt und bietet damit alle Möglichkeiten für Ausschüttungen, sodass die Eigenkapitalausstattung des Unternehmens zugunsten der Aktionäre sinkt und stattdessen die Verschuldung steigt.

Was machen Hedge-Fonds eigentlich? Und wie kommt es, dass sie so viel Geld anhäufen können? Was geschieht überhaupt mit dem Haufen Zaster?

Zur Zeit ist sehr viel Geld im Umlauf. Das führt in vielen Ländern zu niedrigen Zinsen. Wenn wir zurückdenken an die 70er-

Jahre, so lagen damals die Zinsen weitaus höher. Abbildung 6 zeigt den Unterschied der Kosten für Zins und Tilgung eines Hypothekenkredits. 1975 mussten etwa doppelt so hohe Zinskosten getragen werden wie 2004.

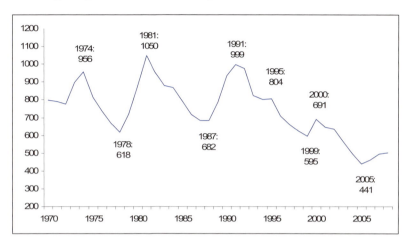

Quelle: Eigene Berechnungen

Abbildung 6: Kosten für einen Immobilienkredit seit 1970

Die Hedge-Fonds nutzen die Zins- und Kursunterschiede an den Finanzmärkten aus. Sie setzen dazu Unsummen von Geldbeträgen ein, um erwartete Steigerungen oder auch um sinkende Zinsunterschiede in Profite zu verwandeln. Allerdings kommt dies einem Tanz auf dem Vulkan gleich, denn bei durchaus nicht jedem Hedge-Fonds geht die Rechnung auf. Hier einige Beispiele:

Mother Rock

Der US-Hedge-Fonds Mother Rock etwa, der erst im Dezember des Jahres 2004 aufgelegt worden war, hatte gewettet, dass die Gaspreise weiter steigen. Wie das Handelsblatt am 7. August 2008 berichtete, hatte Mother Rock bereits in der ersten Hälfte des Jahres 2006 über 23 % an Wert verloren, den größten Teil davon im Monat Juni. In der ersten Hälfte des Jahres 2006 betreute Mother Rock Kapitalanlagen in Höhe von mehr als 400 Millionen Dollar.

Am 15. Juli 2006 meldeten die Nachrichtenagenturen vom bevorstehenden Totalverlust bei Mother Rock. Der Verkauf der verbleibenden Positionen werde wohl nicht ausreichen, um die Schulden des Fonds bei seinem Broker zu begleichen. Zu den Investoren von Mother Rock gehörte unter anderem die MAN-Group. Im August 2006 musste Mother Rock seine Tätigkeit einstellen.

Amaranth Advisors

Den Umfang der Gewinne, aber auch der möglichen Verluste bei den hochspekulativen Hedge-Fonds zeigt der amerikanische Hedge-Fonds Amaranth Advisors. Er hat mit seinen Erdgas-Investments im Oktober 2006 innerhalb von nur einer Woche 6,5 Milliarden Dollar verloren.

Seine Vermögenswerte von neun Milliarden Dollar sind nach Angaben des Wall Street Journals Anfang September 2006 auf 4,5 Milliarden Dollar gefallen. Amaranth Advisors erklärte dies seinen Anlegern damit, dass er seine Erdgas-Wetten »aggressiv reduziere«.

Geleitet hat den Energiebereich von Amaranth Advisors der 32-jährige Kanadier Brian Hunter von Calgary aus. Hunter ist ein ursprünglich an der Wall Street gefeierter Hedge-Fonds-Manager. Er zeichnete sich durch waghalsige Wetten und das schnellste Geld aus.

Hunter hatte Online-Wetten auf steigende Erdgaspreise abgeschlossen. Dabei hat er sich dann grandios verzockt. Im Herbst 2006 gab es keinen Wirbelsturm Katrina, sodass die Erdgaspreise moderat blieben und nicht stiegen. Nach dem Wall Street Journal hat Hunter noch bis Ende August bei zu zwei Milliarden Dollar im Plus gelegen, dann jedoch innerhalb einer einzigen Woche fünf Milliarden Dollar verspielt, als die Erdgaspreise stark gefallen sind.

Das Unternehmen war von Nicholas Maounis in Greenwich, Connecticut, als Hedge-Fonds gegründet worden. Zunächst profitierte die Firma von den Kursunterschieden, die sich in den Finanzmärkten ständig ergeben.

Nachdem Amaranth Advisors Anfang des Jahres 2000 immer mehr Kapital zur Ausnutzung dieser Kursunterschiede zufloss, wurde es schwieriger, Handelsmöglichkeiten zu finden. Die Firma steckte nun ihr Kapital zunehmend in den Energiehandel – insbesondere durch den kanadischen Gashändler Brian Hunter, der große Mengen auf dem Gasmarkt umsetzte und 2005 unermessliche Profite mit Wetten auf steigende Preise auf dem Gasmarkt erzielen konnte, als der Hurrikan Katrina die Gas- und Ölproduktion eine Zeitlang lahmlegte und damit die Preise nach oben trieb.

Amaranth Advisors hoffte daraufhin auf eine Wiederholung dieses Szenarios und verschätzte sich gewaltig. Amaranth Advisors setzte mit einer Quote von 8:1 darauf, dass der Preis der Future Kontrakte von März 2007 und März 2008 relativ zum Preis von April 2007 und April 2008 steigen. Leider hatte sich Amaranth Advisors damit gewaltig verschätzt.

Der Preis lag Ende August 2006 bei 2,49 Dollar und sackte bis Ende September 2006 auf 0,58 Dollar ab. Dieser Einbruch war katastrophal für Amaranth Advisors. Der Fonds hatte über 9 Milliarden Dollar im Depot und meldete zu diesem Zeitpunkt, dass sich die Verluste bis auf 65 % belaufen könnten. Am 1. Oktober 2006 ersuchte Amaranth Advisors die Fortress Investment Group darum, seine Bestände zu liquidieren.

Verlierer der Pleite waren ein paar Großinvestoren, darunter Pensionskassen aus den USA und Kanada und damit die »kleinen Leute«, die in den Pensionskassen ihre Alterssicherung angelegt haben.

Hunter, der gescheiterte Amaranth Advisors-Manager, war nicht faul und gründete bereits 2007 einen neuen Hedge-Fonds, Solengo Capital Advisors. Am 25. Juli 2007 jedoch klagte die

Commodity Futures Trading Commission (CFTC) Amaranth Advisors sowie den Chef-Händler Brian Hunter an. Die CFTC ist die unabhängige Regulierungsbehörde der Vereinigten Staaten, die die Future- und Optionsmärkte in den USA reguliert. Sie wirft Amaranth Advisors und dem Beschuldigten versuchte Preismanipulation auf dem Markt der Gas-Futures einschließlich falscher Angaben vor der New York Mercantile Exchange (NYMEX), der weltgrößten Warenterminbörse, vor. Der Anwalt von Hunter hat die Anschuldigungen zurückgewiesen.

Tatsächlich aber wurde herausgefunden, dass die Aktivitäten von Amaranth Advisors den Gaspreis anheizten und dazu führten, dass die Gaspreise im Winter 2006/2007 stiegen.[38]

Am 23. Mai 2008 wurde der Antrag der Beklagten – Amaranth Advisors und Brian Hunter –, ihre Anschuldigungen abzuweisen, vom Bundesgerichtshof der USA abgelehnt. Der Prozess geht also weiter.

Trident European Fund

Der Trident European Fund, ein Hedge-Fonds der JO Hambro Capital Management, musste infolge einer Fehlspekulation um den VW-Konzern Ende 2008 schließen. Im Fonds steckten ursprünglich 240 Millionen US-Dollar. Allein im Oktober 2008 jedoch hat er 25 Prozent an Wert verloren. Seit Januar 2008 hat der Fonds sogar insgesamt 39 Prozent eingebüsst.

Der zeitweilig hohe Kurs der VW-Stammaktien hatte Ende 2008 mehrere Hedge-Fonds angezogen. Sie setzten durch Leerverkäufe auf fallende Kurse. Anstatt zu sinken, explodierte der Kurs jedoch zeitweise auf mehr als 1.000 Euro je Aktie.[39]

Die Schließungen von Hedge-Fonds haben mit der Finanzmarktkrise inflationäre Ausmaße angenommen. In Deutschland zählte man im Jahre 2008 noch 42 Hedge-Fonds mit insgesamt einem Anlagevolumen von 1,5 Milliarden Euro, davon 27 sogenannte Dach-Hedge-Fonds.[40] Hedge-Fonds wurden im Zuge der Finanzmarktkrise reihenweise von ihren emittierenden Gesellschaften mangels Interesse der Anleger geschlossen. Experten rechnen bis zum Ende der Krise mit mindestens 30 Prozent der insgesamt gut 10.000 Hedge-Fonds, die untergehen. Der US-Finanzinvestor und Milliardär George Soros spricht sogar von 50 % der Hedge-Fonds, die vom Markt verschwinden, also 3000 bis 5000 Hedge-Fonds, denen das Aus droht.[41]

Finanzinvestoren

Noch bekannter als die Hedge-Fonds sind heute die Private-Equity-Gesellschaften. Diese sogenannten Beteiligungsgesellschaften oder Finanzinvestoren gehen – vereinfacht ausgedrückt – wie folgt vor:

Sie kaufen sich in mittlere und größere Unternehmen ein. Sobald sie die Macht haben, bauen sie das Unternehmen oft radikal um, um es später als Ganzes oder in Teilen mit Gewinn weiterzuverkaufen. Auch sie verfolgen das Ziel, für ihre Gelder eine möglichst hohe Rendite zu erzielen. Die US-Beteiligungsgesellschaften haben im Jahr 2007 (bis September) auf diese Weise im Durchschnitt eine Rendite von 23,6 % erzielt (Thomson Financial).

Wie bei den Hedge-Fonds sind manchmal riesige Geldbeträge im Spiel. Kleininvestoren haben hier keinen Zugang, wenn, dann nur über einen Fonds!

Ja, Sie haben richtig gelesen.

Die US-Gesellschaft Blackstone hat in der Vergangenheit in Texas die Spitalkette HCA mit acht Medizinalzentren für 33 Milliarden Dollar übernommen. Drei andere haben für 22 Milliarden Dollar den Gasversorger Kinder Morgan aufgekauft, der ein riesiges Netz für Erdgas betreibt. Die beiden britischen Beteiligungsgesellschaften TCI und Tecra haben vor kurzem in Holland in einem offenen Brief in Zeitungen aufgerufen, die ABN Amro –

eine Großbank mit 200-jähriger Geschichte – aufzuspalten und die Einzelteile zu verkaufen.

Für die Aktionäre würde so ein Mehrwert, das heißt ein Gewinn, entstehen. Die Empörung in der Bevölkerung und in der Regierung war groß.

Niemand weiß, woher das viele Geld kommt und ob auch politische Ziele damit verfolgt werden. Die immer mächtiger werdende Branche der Beteiligungsgesellschaften hatte in der Vergangenheit bis zu 1000 Milliarden Dollar jährlich für Investitionen zur Verfügung.

Die Beteiligungsgesellschaften Texas Pacific und Kohlberg, Kravis und Roberts (KKR) übernehmen für 45 Milliarden Dollar TXU Corp., den größten Stromversorger in Texas. Sie gehen dabei Schulden ein von mehr als 30 Milliarden Dollar.

Zwischen den Hedge-Fonds und den Private-Equity-Gesellschaften besteht hinsichtlich der Finanzen eine Gemeinsamkeit: Beide finanzieren ihre Aktivitäten in der Regel oft nur zu 20 oder 25 % mit eigenem Geld. Den Rest erhalten sie von den Banken ausgeliehen.

Diese profitieren doppelt davon. Einerseits erhalten sie Zinsen, andererseits kassieren sie als Berater für Übernahmen und Fusionen hohe Kommissionen. Der Datenlieferant Thomson Financial berechnete, dass die großen Investmentbanken für die Begleitung von Übernahmen und Fusionen in der ersten Hälfte 2006 unglaubliche 20 Milliarden Dollar kassiert haben.[42]

Sowohl bei den Hedge-Fonds wie auch bei den Finanzinvestoren besteht die Gefahr, dass sie ihre meist riesigen Schulden nicht zurückzahlen können, wenn ihre Rechnung nicht aufgeht. Banken können deshalb in Schwierigkeiten geraten. Es kann auch schlimmer kommen. Banken sind miteinander vernetzt und können sich gegenseitig in den Abgrund reißen.

Und genau dies ist passiert, wie wir wissen.

Das Investitionsvolumen der Private-Equity-Transaktionen in

Deutschland sank im ersten Halbjahr 2007 um 31 % auf 20,7 Milliarden Euro. Die Zahl der Transaktionen blieb dagegen vergleichsweise konstant.

Die Bedeutung deutscher Private-Equity-Gesellschaften nahm im Jahr 2006 zu. Das sind die Ergebnisse einer Studie der Prüfungs- und Beratungsgesellschaft Ernst & Young. Erstmals seit 2004 ging aber das Volumen der Private-Equity-Investitionen in Deutschland zurück. In den ersten sechs Monaten sank der Wert der Investitionen in Deutschland um 31 % von 30,1 Milliarden Euro auf 20,7 Milliarden Euro. Die Anzahl der einzelnen Transaktionen belief sich mit 79 im ersten Halbjahr 2006 auf eine ähnlich hohe Zahl wie im 2. Halbjahr, in dem es 78 Transaktionen gab.

Der Rückgang der Anzahl von Transaktionen ist damit zu begründen, dass ausländische Investoren weniger aktiv in Deutschland sind. Im zweiten Halbjahr 2006 haben sie von den 78 Transaktionen insgesamt nur noch 53 im Gesamtwert von 29,3 Milliarden Euro getätigt. Im ersten Halbjahr 2007 sank diese Zahl weiter auf 47 Transaktionen mit einem Gesamtvolumen von 18,4 Milliarden Euro ausländischer Investoren.

Die Ursache dafür ist zum einen das stärkere Engagement deutscher Private-Equity-Gesellschaften, zum anderen aber auch der Umstand, dass es immer schwieriger wird, geeignete Unternehmen zu finden. Die Bedeutung deutscher Private-Equity-Gesellschaften stieg auch im ersten Halbjahr 2008. Während im Jahr 2007 noch 25 Transaktionen von deutschen Investoren getätigt wurden, waren es allein im ersten Halbjahr 2008 bereits 32.

Die Wiederverkäufe ihrer Beteiligungen sind ebenfalls angewachsen. Im ersten Halbjahr 2006 betrugen die umgesetzten Summen 16,9 Milliarden Euro, im zweiten Halbjahr hatten es die 38 Exits (Verkäufe) zu einem Volumen von insgesamt 16,1 Milliarden Euro gebracht.[43]

Durch die Krise gibt es nun wiederum neue Einstiegsmöglichkeiten für Private-Equity-Investoren, sind doch, auch in Deutschland, bereits heute viele Unternehmen mit gutem Namen und noch besseren Produkten in die Insolvenz getrieben worden. Dies bedeutet nichts anderes, als dass die verantwortlichen Kräfte für den Untergang vieler Unternehmen nun wieder die Profiteure sind, indem sie Unternehmen zum Nulltarif aus der Insolvenz herauskaufen.

Was sind Private-Equity-Gesellschaften?

Es sind häufig Fonds, die von Anlegern das Kapital einsammeln, um es dann weiterzureichen an die ausgesuchten Investitionsobjekte.

Zum Beispiel die Blackstone Group, eine amerikanische Corporate-Private-Equity-Gesellschaft, gegründet 1987. Dieses Unternehmen beschäftigt nach eigenen Angaben 120 Investmentmanager mit Büros in New York, London, Bombay, Hongkong und Peking. Die Blackstone-Gruppe unterhält fünf Private-Equity-Fonds sowie einen auf Kommunikation spezialisierten Fonds. Mit einem auf Immobilien spezialisierten Fonds erreichte Blackstone ein Volumen von rund elf Milliarden Dollar.

Private-Equity-Gesellschaften sammeln ihre Mittel bei privaten Investoren wie etwa Pensionsfonds, Stiftungen und Versicherungen. In den vergangenen Jahren sind in Private Equity auf diese Weise enorme Summen angelegt worden. Nach Informationen des Finanzdienstunternehmens Thomson Financial, seit dem 7. April 2008 fusioniert mit der Nachrichtenagentur Reuters zu dem Konzern Thomson Reuters, betrug das Volumen der Investitionen in europäische Beteiligungsfonds im Jahr 2006 rund 90 Milliarden Euro, 18 Milliarden Euro mehr als 2005. Im Jahr 2004 belief sich die Summe noch auf 27,5 Milliarden Euro im europäischen Raum. Die Steigerungsrate ist also beachtlich bzw. war beachtlich.

Die Nachrichtenagentur Bloomberg schätzt das Volumen der Private-Equity-Gesellschaften gegenwärtig auf rund 230 Milliar-

Finanzinvestoren

den Dollar weltweit ein. Allerdings, so Michael Maisch in der Zeitschrift Wirtschaftswoche vom 15. April 2008, müssen die Fondsstrategen der Private-Equity-Gesellschaften infolge der Finanzkrise 2007/2008 umdenken.

Tatsache ist, sie haben nicht umgedacht, sie operieren gleich wie früher. Geändert hat sich bis heute, 2009, nur die Höhe der Investitionen, die sind wesentlich kleiner geworden.

Zwar sammeln sie weiterhin in großem Stil Anlegergelder ein. Jedoch, so schreibt er, haben sich die Spielregeln der Investitionen geändert. »Die Übernahmen werden kleiner, die Beteiligungsfirmen werden öfter Minderheitsbeteiligungen eingehen, und sie werden mehr Geld in Sanierungsfälle und in andere notleidende Anlagen investieren.«

Es kann aber von großen neuen Private-Equity-Fonds berichtet werden, die mit zweistelligen Milliarden-Volumina rechnen können: Die US-Beteiligungsgesellschaft Apollo etwa will 15 Milliarden Dollar einsammeln, Kohlberg Kravis Roberts & Co. (KKR) verfügt gerade über 18 Milliarden Dollar in einem neuen Fonds, Blackstone hat für seinen Immobilienfonds 11 Milliarden Dollar eingesammelt.

Allerdings hat sich hier bereits die Finanzkrise deutlich ausgewirkt, denn die Beteiligungsvolumina brachen 2008 auf insgesamt rund 81 Milliarden Dollar ein, tiefster Stand seit 2005. Der Grund: Die Banken sind übermäßig vorsichtig geworden. Finanzinvestoren und Private-Equity-Gesellschaften finanzieren mit riesigen Geldmengen Projekte, die außerdem von noch riesigeren Kreditgeldmengen gestützt werden, was angesichts dessen das Geschäft schwieriger macht. Die Finanzierungs- und Refinanzierungskosten steigen. Die vergleichsweise riskanten Kredite lassen sich derzeit nur äußerst schwer weiter verkaufen. In diese Lücke springen einige Private-Equity-Häuser. Damit könnten Private-Equity-Fonds ironischerweise zu den Profiteuren der Finanzkrise zählen. Zur Zeit streben sie an, den Banken ihre riskanten, faulen Kredite abzukaufen – mit riesigem Gewinnpotenzial![44]

Und so konnte denn auch im Sommer 2007 vom größten Börsengang in den USA seit fünf Jahren berichtet werden, durchgeführt von der Private-Equity-Gesellschaft Blackstone. Mit ihrem Gang an die Börse fuhr sie mehr als vier Milliarden Dollar Anlegergelder ein. Der Ausgabepreis hatte 31 Dollar betragen und schloss den ersten Handelstag mit 35,06 Dollar ab. Hiervon streichen die beiden Gründer von Blackstone, Stephen Schwarzman (60) und Peter Peterson (81), 2,4 Milliarden Dollar ein. Blackstone wurde 1986 mit 400.000 Dollar Startkapital gegründet.

In der Folgezeit allerdings verlor die Aktie kontinuierlich und sank bis unter 14 Dollar. Zum 29. August 2008 lag der Kurs bei zugleich hoher Volatilität bei 17,88 Dollar, weit entfernt also von den ehemals mehr als 35 Dollar. Die Käufer der 257 Millionen Aktien haben binnen eines Jahres fast die Hälfte ihres Einsatzes verloren.

Heute, im Jahr 2009, liegt der Kurs so in der Region von 4–5 Dollar, wie das aktuelle Chart in Abbildung 7 zeigt.

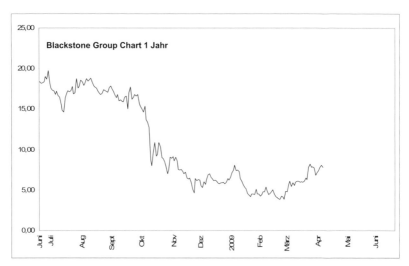

Quelle: Eigene Darstellung

Abbildung 7: Chart der Blackstone Group Juni 2008 bis Juni 2009

Bitte notieren Sie, wenn ich in diesem Zusammenhang von Milliarden spreche, meine ich auch Milliarden, nicht Millionen! Ausschließlich alles CLUB-Gelder, wohlverstanden.

Eigentlich sind Private-Equity-Investoren genau das, was die Volkswirtschaften brauchen: Sie investieren in wachstumsstarke Unternehmen und in zukunftsorientierte Märkte, und dies mit Risikokapital. So muss es sein. Es entspricht der Überzeugung des Autors, dass dies genau der richtige Weg ist für viele Mittelständler, um zukünftig ihr Wachstum finanzieren zu können. Ob dies gerne gelesen wird oder nicht, glauben Sie mir, die Banken werden auch zukünftig bezüglich Kreditsprechungen für Mittelstandsbetriebe mehr als nur Zurückhaltung üben.

Das Problem mit den Private-Equity-Investoren kommt erst dann, wenn diese versuchen, aus kurzfristigen Gewinnoptimierungsüberlegungen die Unternehmen zu zerstückeln und die einzelnen Betriebsteile auszugliedern. Die Folgen sind immer Kündigungen, d.h. Arbeitsplatzvernichtungen. Die daraus erzielten kurzfristigen Gelder gehen natürlich in den CLUB.

Hier haben wir aber bereits einen ersten Lösungsansatz für unser Problem. Mehr darüber in Kapitel 4.

Die Bernie Madoffs dieser Welt

Der kürzlich bekannt gewordene Betrugsfall Madoff hat weltweit Schlagzeilen gemacht. Wohl verständlich bei einer vermuteten Schadenssumme von über 50 Milliarden USD und Tausenden von Geschädigten, darunter auch sehr viele prominente Bürger, Banken und institutionelle Anleger.

Im Schlepptau dieser Affäre sind nun innert Wochen neue Fälle von Betrügereien weltweit bekannt geworden und niemand glaubt, dass dies bereits das Ende wäre.

Nun, wir wissen, betrügerische Aktivitäten gab es immer und

zu allen Zeiten, ganz unabhängig der jeweiligen Finanz- und Wirtschaftslage.

Hier liegt nun aber das Problem darin, dass die Madoffs dieser Welt eng mit den CLUB-Aktivitäten verbunden sind.

Aus der Presse entnehmen wir, dass die meisten veruntreuten Gelder aus dem CLUB stammen, eingesammelt durch emotional aufgebaute Verbindungen zwischen den Betrügern und den Opfern aus dem CLUB.

Im Falle Madoff ist es auch offensichtlich, dass die Kontrollorgane ihre Arbeit nicht getan haben, anders wäre dieses Vergehen in dieser Größenordnung gar nie möglich gewesen. Insbesondere wird sich die amerikanische SEC (Security Exchange Commission) rechtfertigen müssen, wie sie über Jahre hinweg in Sachen Madoff die Augen verschlossen hielt, obwohl seit Jahren bei der SEC entsprechende Hinweise von Marktteilnehmern eingegangen sind.

Im Falle Madoff waren die Privatanleger wirkliche Opfer. Von einem Privatanleger kann nicht verlangt werden, dass er noch substanzielle »Due Diligence«-Prüfungen durchführt. Er muss sich auf das System verlassen können.

Hingegen sind die institutionellen Opfer nicht nur Opfer eines Kriminellen, sondern auch Opfer ihrer eigenen Gier.

Unter ihnen ist auch die bekannte Schweizer Privatbank Reichmuth aus Luzern zu finden, welche über Jahre hinweg durch eigene Fonds mit klingenden Namen einheimischer Berge und biederem, kleinbürgerlichem Auftreten ihrer Führungsleute riesige Summen bei Madoff investiert hat. Es resultierte ein Verlust von weit über 300 Mio. Schweizer Franken. Es ist natürlich selbstredend, dass nicht die Bank das Geld verlor, sondern die Inhaber der Fondsanteile. Die Bank hat die Gebühren kassiert und damit gut gelebt.

Die Tatsache, dass Reichmuth offenbar nicht direkt, sondern über ein »Fund in Fund«-System investiert hat, ändert am Sachverhalt nichts.

Wer hat hier versagt? Es zeigt sich wieder das gleiche Bild:
- die internen Kontrollen, bewusst oder unbewusst
- die externen Kontrollen
- die staatliche Bankenaufsicht
- die Gier der handelnden Bank, sprich der Abzocker

Besonders hinterlistig scheint mir das Vorgehen dieser Luzerner Bank auch aus folgendem Grund zu sein. Durch die Nutzung von Fonds-Namen wie Matterhorn etc. wird dem Anleger suggeriert, dass bodenständig, sicher, schweizerisch etc. gehandelt wird. Alles Attribute, die mit Madoffs Anlagen nicht vereinbar sind.

Hätte die Bank respektive deren Fonds-Management-Gesellschaft die Hausaufgaben gemacht, wäre dies nicht passiert.

Es überrascht dann auch nicht, dass der oberste Verantwortliche dieser Bank kürzlich ein Buch herausgegeben hat, mit Ratschlägen, wie man aus dieser Finanzkrise herauskommt!

Eigentlich ist diese Episode fast filmreif, wenn es nicht so traurig wäre.

Eigentlich unverständlich, dass es immer wieder Leute gibt, die solchen und ähnlichen Instituten weiterhin ihr Geld anvertrauen. Aber eben, der CLUB hat seine eigenen Regeln.

Die Pensionskassen-Manager als Leichenbestatter der Unternehmen

Für viele Menschen ist für das Auskommen nach der Lebensarbeitszeit – also im Alter – ein Pensionskassensystem eingerichtet, das ihnen im Alter lebenslang ein gewisses Einkommen monatlich absichert.

Funktionsweise und Volumen der Pensionskassen

Die zu diesem Zwecke gebildeten Institutionen nennt man Pensionskassen, auf Englisch »Pension Fund«. Vor 50 Jahren noch völlig unbekannt, ist dies heute ein fester Begriff in der Finanzwelt.

Pensionskassen sind eine Art von Versicherungsunternehmen, die Kapital zur Altersvorsorge einsammeln und – hoffentlich gewinnbringend – anlegen. Sie funktionieren mehr oder weniger wie eine Lebensversicherung.

Der Zutritt zu den Pensionskassen läuft in der Regel über den Arbeitgeber, der auch selbst eine eigene Pensionskasse gründen kann. Meistens jedoch tritt der Arbeitgeber einer schon bestehenden Pensionskasse bei und zahlt dort seine Beiträge sowie die seiner Arbeitnehmer ein.

Diese Beiträge sind für das Unternehmen als Betriebsausgabe steuerlich absetzbar. Der Arbeitnehmer kann sich mit eigenen Beiträgen (Gehaltsumwandlung) beteiligen. Aus den Beiträgen und den Erträgen legt die Pensionskasse einen Kapitalstock an, aus dem später die Versorgungsleistung der Betriebsrente bezahlt wird.

Hunderte von Millionen von jüngeren und älteren Menschen sind heute und zukünftig wirtschaftlich abhängig von diesen monatlichen Einkünften.

Das Vermögen und somit die Leistungskraft der Pensionskassen wird durch Beiträge der Arbeitnehmer wie auch der arbeitgebenden Unternehmungen während der gesamten Lebensarbeitszeit sichergestellt. Es ist daher leicht auszumachen, wie unglaublich vermögend die Pensionskassen geworden sind.

Im zweiten Quartal 2005 verwalteten die rechtlich mit Versicherungen vergleichbaren Pensionskassen ein Anlagevermögen von 82,4 Milliarden Euro. Dabei ist die Direktanlage in Deutschland in Aktien unbedeutend, stattdessen sind als Eigenkapitalbeteiligungen 33,6 % in Investmentanteilen angelegt.

Eine größere Rolle spielen – unter anderem aufgrund gesetzlicher Anforderungen an die Sicherheit der Anlagen – festverzinsliche Wertpapiere und Schuldverschreibungen sowie Schuldscheinforderungen und Darlehen mit einem Anteil von zusammen 56,7 %.

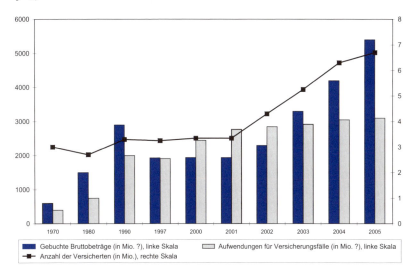

Abbildung 8: Pensionskassen in Deutschland 1970–2005

Abbildung 8 zeigt den Bestand der Pensionskassen in Deutschland. Hier wird einerseits deutlich, dass sich die dort eingegangenen Bruttobeiträge im Vergleich zu den Auszahlungen überproportional erhöht haben. Gerade seit 2001 ist die Zahl der dort Versicherten deutlich gestiegen. Dies liegt in erster Linie an den Gesetzesänderungen in Deutschland, die der Betriebsrente einen deutlichen Steuervorteil verschaffen.

Entsprechend erhöhte sich natürlich auch die Anzahl der Neugründungen von Pensionskassen und -fonds (siehe Abbildung 9).

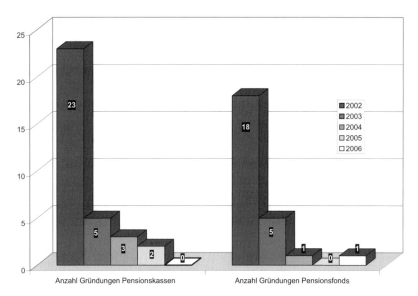

Abbildung 9: Gründungsboom bei Pensionsfonds und -kassen nach der Rentenreform 2001

Dieses Geschäftsmodell scheint nun zu einem Renner bei den Versicherungsunternehmen zu werden. Keine Frage, das Geschäft mit einer Pensionskasse verspricht, lukrativ zu werden.

Parallel dazu wuchs auch die Zahl der Unternehmen, die an eine Pensionskasse angeschlossen sind (siehe Abbildung 10).

Pensionskassen-Manager als Leichenbestatter der Unternehmen

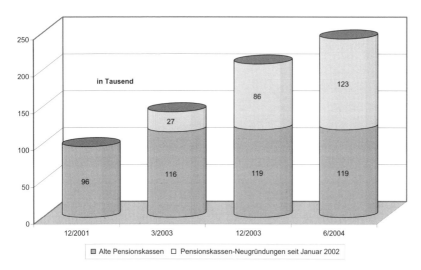

Quelle: Deutsches Institut für Altersvorsorge DIA, TNS Infratest 2005

Abbildung 10: Unternehmen, die in Deutschland an Pensionskassen angeschlossen sind

Noch 2001 waren in Deutschland nur knapp 1400 Unternehmen an Pensionskassen angeschlossen. Bereits 2003 im März waren dies schon fast 2700 und Ende des Jahres 3237 Unternehmen. Im darauffolgenden Jahr war diese Zahl bereits auf mehr als 3500 Unternehmen angewachsen, die an eine Pensionskasse angeschlossen waren. Entsprechend groß sind die zu verwaltenden Vermögenswerte.

Abbildung 11 zeigt die an Pensionskassen zahlenden Arbeitnehmer in Verbindung mit alten und neu gegründeten Pensionskassen. Das Geschäft wird sich mittlerweile verdoppelt haben.

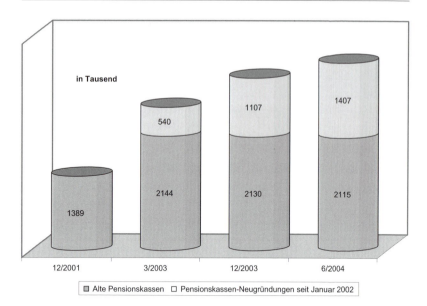

Quelle: DIA, TNS Infratest 2005

Abbildung 11: Arbeitnehmer mit Anwartschaften auf Betriebsrenten bei einer Pensionskasse

In der Schweiz wird die Alterssicherung durch Pensionskassen schon länger betrieben. Ein Blick zum südlichen Nachbarn könnte aufschlussreich sein.

Nach einer Umfrage der SwissCanto, ein nach eigener Auskunft spezialisierter Leistungserbringer der Kantonalbanken, ergaben sich für das Jahr 2005 bei den Pensionskassen in der Schweiz folgende Daten:

Aktuell Versicherte	835.513
Pensionierte	394.702
Gesamtvermögen	rund 260 Milliarden CHF

Quelle: Swisscanto Pensionskassen-Studie 2005

Tabelle 9: Pensionskassen in der Schweiz

Pensionskassen als Gefahr für den Mittelstand

Wie kommt es, dass Pensionskassen für den Mittelstand gefährlich sein könnten?

Die volkswirtschaftliche Bedeutung von Pensionskassen kann nicht stark genug hervorgehoben werden, wird damit doch die zukünftige Kaufkraft von ganzen Generationen gesichert.

Viele Pensionskassen verwalten diese Gelder selbst, mit der notwendigen Unterstützung von Banken und Brokern, aber auch mit eigenen institutionellen Investmentexperten. Eine große Zahl kleinerer und mittlerer Pensionskassen lässt aber das Gesamtvermögen durch Dritte verwalten, also durch spezialisierte Dienstleister. Meistens sind das wieder Banken oder bankenähnliche Institutionen.

Mit diesem Vorgang treten dann sämtliche vorerwähnten Mechanismen des CLUBs wieder in Kraft. Diesmal sind es eben die Pensionskassen, das heißt es betrifft die Altersvorsorge ganzer Generationen.

Auch hier wird wieder mächtig spekuliert. Da die Begünstigten der Pensionskassen ja die Arbeitnehmer sind, profitieren sie von Gewinnen, leiden aber entsprechend auch bei Verlusten.

Obwohl überall staatliche wie auch selbstregulierende Kontrollorgane eingesetzt werden, passiert es immer wieder, dass ganze Pensionskassen zahlungsunfähig werden.

Viele Arbeitnehmer überlassen ihre betriebliche Altersvorsorge einer Pensionskasse, weil der Arbeitgeber sich dafür entschieden hat. Die staatliche Förderung in Deutschland ist umfassend. Vernichtet werden dann im Extremfall nicht nur die spekulativ erworbenen Gewinne, sondern vor allem auch die einbezahlten Beiträge der Begünstigten und der Unternehmungen über Jahrzehnte hinweg.

Der Arbeitgeber, der in eine Pensionskasse zur betrieblichen Altersvorsorge Beiträge seiner Angestellten entrichtet, hat keinen Einfluss auf Geschäftsführung oder Geschäftserfolg der Pensionskasse. Hingegen trägt der Arbeitgeber in Deutschland das wirtschaftliche Risiko dieser Altersvorsorgeinstitute – mit weitreichenden Konsequenzen:

Sollte die Pensionskasse oder der Pensionsfonds zahlungsunfähig werden, haftet der Arbeitgeber in vollem Umfang für die von den Arbeitnehmern einbehaltenen Beiträge. Diese muss nämlich der Arbeitgeber im Fall der Fälle den Arbeitnehmern erstatten.

Der Arbeitgeber hat also zum einen erst mal die Beiträge an die Pensionskasse gezahlt, muss sie dann aber im Insolvenzfall der Pensionskasse erneut zahlen, diesmal an seine Arbeitnehmer.

Man nennt dies im Juristendeutsch »Nachhaftungspflicht des Arbeitgebers«. Sie tritt ein, sobald die Pensionskasse ihren Verpflichtungen aus dem Versorgungsvertrag nicht nachkommen kann, weil das angesammelte Kapital mit dem eventuell erwirtschafteten Ertrag weg ist.

Hier gilt wieder einmal der schöne Satz vom Letzten, den die Hunde beißen.

Dieser Letzte ist, wie anders kann es sein, der Mittelstand.

Wenn nämlich eine große Pensionskasse mit vielen Beitragszahlern aus vielen kleinen und mittleren Unternehmen zusammenbricht, kann dies einen Dominoeffekt auslösen.

Die mit der Pensionskasse verbundenen Mittelständler wären in der Zahlungspflicht, können diese aber in der Regel – wie sollte es auch anders sein – nicht erfüllen und müssen ihrerseits Konkurs anmelden. Die Versorgungsansprüche der Arbeitnehmer würden das Eigenkapital der Unternehmen schnell aufgefressen haben. Darum brauchen die Arbeitnehmer ihrerseits auch kaum auf Ausgleich zu hoffen. Sie haben zwar die Ansprüche – aber diese Ansprüche sind wertlos. Ein bankrotter Arbeitgeber ist ein schlechter Ausgleichszahler.

Noch ist diese Gefahr nicht besonders konkret, weil nur relativ wenige Arbeitnehmer in Deutschland die betriebliche Altersversorgung in Anspruch nehmen. Dieser Teil der Arbeitnehmerschaft wächst jedoch stetig, weil auch die Regierung dieses Versorgungsmodell favorisiert.

Mit jeder neuen Vereinbarung zur betrieblichen Altersvorsorge und mit jedem weiteren Jahr Laufzeit wird sich diese Gefahr zuspitzen. Besonders gefährdet sind inhabergeführte Unternehmen, da für diese Mittelständler das Unternehmen meist die einzige Vermögensposition bildet.

Wenn die Pensionskasse oder der Pensionsfonds Fehlentscheidungen treffen und somit die Vermögen schlecht bewirtschaftet werden, wird auch das gesamte Vermögen der angeschlossenen kleinen und mittleren Unternehmen verbrannt.

Noch schlimmer wären die Konsequenzen bei Einzelkaufleuten und persönlich haftenden Gesellschaftern, wie sie in Offenen Handelsgesellschaften (OHG), Kommanditgesellschaften (KG) oder Gesellschaften des bürgerlichen Rechts (GbR) vorkommen. Dort greift die Haftung auch auf das persönliche Privatvermögen zu.

Besonders fatal dabei ist jedoch, dass alle diese Unternehmen vom Wohl und Wehe der Altersversorgungskassen abhängig sind, ohne darauf irgendeinen Einfluss nehmen zu können.

Besonders perfide kann es sich für die Unternehmen auswirken, wenn die zu ihnen wechselnden Arbeitnehmer ihre bisherige Pensionskasse mitnehmen, was seit dem 1. Januar 2005 in Deutschland unter dem Begriff der »Portabilität« möglich ist.

Dies bedeutet, dass der Arbeitnehmer sein bislang angespartes Kapital einer betrieblichen Altersversorgung beim Wechsel des Arbeitgebers mitnehmen kann. Dies bedeutet aber auch, dass er die aufgebauten Anwartschaften auf eine Betriebsrente zum neuen Arbeitgeber mitnehmen oder auf dessen Versorgungseinrichtung übertragen lassen kann.

Damit muss der neue Arbeitgeber auch die früheren Pensionsverpflichtungen des alten Arbeitgebers übernehmen. Er setzt sich also einer Haftung für die von einem fremden Arbeitgeber geleisteten Beitragszeiten aus.

Neben dem persönlichen Leid aller Betroffenen ist der wirtschaftliche Schaden für die Allgemeinheit enorm.

Wie dem auch sei, Insolvenzen sind in der Regel nur singuläre Ereignisse, so schwierig sie im Einzelfall auch sein mögen. Wesentlich stärker auf die Allgemeinheit wirkt sich da die weltweite Wirtschafts- und Finanzkrise aus. Und da haben gerade Pensionskassen und verwandte (Lebens-)Versicherungsunternehmen erheblich Federn gelassen.

Bei Dax-Firmen, so meldet das Handelsblatt, sind die Rentenlasten nur noch zu zwei Dritteln gedeckt, bei MDax-Firmen sogar nur noch knapp zur Hälfte. Der MDax ist der deutsche Mittelwerteindex mit mittleren Unternehmen, d.h. mit Firmen aus dem klassischen Mittelstand.

Während die Deckungsquote zwischen Vermögen und Verpflichtungen bei den Dax-Unternehmen um ein Zehntel gesunken ist, beträgt dieser Wert bei den MDax-Firmen sogar 14 Prozent. Konkret macht dies ein Rückgang der Pensionskassen-Vermögen um ca. 21 Milliarden Euro aus.

Die Konsequenz daraus sind Versorgungslücken in extern finanzierten Pensionsplänen, um die Betriebsrentenansprüche abzudecken. Die meisten Unternehmen lagern Immobilien und Wertpapiere auf Treuhandgesellschaften aus, sogenannte Contractual Trust Arrangements (CTA). Wenn nun Versorgungslücken entstehen, müssen bilanziell Rückstellungen gebildet werden, die wiederum das Eigenkapital belasten. Bei Pensionsfonds muss sogar Kapital nachgeschossen werden, sofern der Wert der Pensionslasten unter 95 Prozent sinkt.[45]

Ganz ähnlich sieht das Bild auch in der Schweiz und in Österreich aus.

Wie sich dies alles weiterentwickelt, ist noch abzuwarten.

Tatsache ist aber, dass in jedem Fall zukünftige Generationen massiv zur Kasse gebeten werden müssen.

Pensionskassen als Mitglieder im CLUB

Im positiven wie auch im negativen Marktumfeld profitieren immer die Dienstleister, also die Vermögensverwalter der Pensionsgelder. Es fallen nicht nur immer die Gebühren, sondern auch die Gewinnanteile der Manager an. Der CLUB lebt immer, und das vor allem gut.

Praktisch nie werden Pensionskassenvermögen dem volkswirtschaftlichen Kreislauf wieder zur Verfügung gestellt. Selten werden angeschlossene Unternehmungen der Pensionskasse mit notwendigen Krediten versorgt, obwohl dieses Anlagerisiko viel kleiner wäre als das Risiko der Spekulation.

Nie werden Firmengründungen in den entsprechenden Branchen mit solchen Geldern erleichtert, nie – und dies ist besonders schwerwiegend – werden Gelder für Innovationsprojekte und somit für die Schaffung neuer Arbeitsplätze zur Verfügung gestellt.

Das Gegenteil ist der Fall.

Die nationalen Gesetze und die Pensionskassenreglements verunmöglichen dies geradezu. Solche Anlagen wären in den verschiedensten industrialisierten Ländern gesetzeswidrig.

Man mag sich fragen, warum dies so ist. Wer entscheidet, dass dies so sein muss?

Die Gesetze werden von den in den meisten Fällen demokratisch gewählten Parlamenten gemacht, also von den entsprechenden Lobbyisten im Parlament. Unnötig zu sagen, dass dies alles Mitglieder im CLUB sind.

In den europäischen Ländern arbeiten die Lobbyisten verdeckt, in den USA offen. Die Hälfte sind dort Republikaner, die andere Hälfte Demokraten, also breit abgestützt.

So schaffen es die Lobbyisten der Banken, der Pensionskassenmanager, der Versicherungskonzerne und der Vermögensverwalter, dass ihre Klientel auf diese lukrativen Einkünfte nicht verzichten muss. Das ist der große Vorteil des CLUBs: Die Mitglieder helfen sich gegenseitig.

Unverständlich scheint nun aber die Tatsache, dass die Arbeitnehmervertreter, also die Gewerkschaften, diese Situation nicht erkennen respektive nichts dagegen unternehmen. In allen Parlamenten sitzen starke Vertretungen der Gewerkschaften. In allen Pensionskassengremien sind die Gewerkschaften ebenfalls vertreten.

Dies führt nun zu der fast unerträglichen Situation, dass durch die volkswirtschaftlich sinnlose Anlagepolitik der Pensionskassengelder – also von finanziellen Beiträgen großer Bevölkerungsteile und damit überwiegend Nichtmitgliedern im CLUB – nicht nur die eigenen Arbeitsplätze gefährdet, sondern praktisch auch keine neuen mehr geschaffen werden.

Noch einmal zurück zu den Lobbyisten.

Was ist ein Lobbyist genau?

Hier die offizielle Version des Dudens: »jemand, der Abgeordnete für seine Interessen zu gewinnen sucht.«

Gegen Interessenvertretungen gibt es grundsätzlich keine Einwände zu machen. Jede Firma, jede Branche hat das Recht, ihre legitimen Interessen vertreten und unterstützen zu lassen. Dass dies heute zu einem Gewerbe geworden ist, spricht für eine starke Wirtschaft, ja für ein intaktes System. Das System funktioniert dann, im Sinne der Volkswirtschaft, wenn alle erzielten wirtschaftlichen Resultate dem Wettbewerb standhalten können. Im Englischen spricht man in diesem Zusammenhang vom Prinzip »at arms lenght«. Also, zu Preisen wie gegenüber Dritten.

Hier genau beginnt aber das Problem und meine Kritik an diesem Berufsstand. Das Resultat der Lobbyisten führt in der Praxis immer wieder zu Ergebnissen, von denen die Einzelnen gestärkt, die Allgemeinheit aber geschwächt hervorgeht.

Was meine ich damit?

Ein Lobbyist, der für die Pharmaindustrie tätig ist, wird zum Beispiel versuchen, Einfluss auf ein Gesetz zu nehmen, und zwar mit dem Ziel, ein Medikament teurer zu machen, um seinem Auftraggeber wirtschaftliche Vorteile zukommen zu lassen.

Die Leidtragenden sind die Konsumenten. So geschieht dies mit den verbotenen Parallelimporten von Arzneimitteln in der Schweiz. Diese Praxis wurde vor wenigen Wochen im Parlament wieder gestützt.

Die Zeche bezahlt die Bevölkerung, welche übrigens die Parlamentarier alle vier Jahre wählt!

Verstehen Sie dies? Ich nicht.

Genauso wird ein Lobbyist der Großbanken alles daransetzen, bestehende komfortable Einkommensquellen gesetzlich zu sichern, sei es durch Fondsstrukturen, durch unnötig verteuerte Derivate etc.

Tatsache ist, der wirtschaftliche Vorteil für den Auftraggeber ist oftmals wesentlich kleiner als der volkswirtschaftliche Nachteil dieser Lobbyarbeit.

Wie wir vorher gelesen haben, gibt es Politiker, welche durch ihre Interessenlage direkte politische Lobbyarbeit betreiben. Dann gibt es aber die freiberuflichen Lobbyisten. Gerne weise ich an dieser Stelle auf das Buch »Die Strippenzieher« der Autoren Cerstin Gammelin und Götz Hamann, Econ Verlag, hin.

In diesem Buch ist deutlich dargestellt, dass in Deutschland viele Gesetze gar nicht mehr durch die Parlamentarier gemacht werden. Die Gesetze werden von den jeweiligen Lobbyisten vorgeschrieben und von der Mehrheit des Parlamentes dann abgesegnet. Wohlverstanden, natürlich in den unterschiedlichsten Koalitionen, je nach Interessenlage. Daraus ergibt sich auch, dass das System der Lobbyisten ein ganzheitliches ist, die Parteizugehörigkeit wird unerheblich, und somit wird der Wille des Volkes unerheblich.

Extrem formuliert könnte man auch sagen, dass es gar keine Rolle mehr spielt, welche Partei ins Parlament gewählt wird. Das Resultat der politischen Arbeit wird sich nicht ändern. Die Lobbyisten sorgen dafür.

Somit ist es wohl gerechtfertigt, die Dudenversion des Begriffes des Lobbyisten wie folgt zu ergänzen:

»Der Lobbyist ist nichts anderes als jemand, der bezahlt wird, sich dafür einzusetzen, dass einige wenige zulasten der Allgemeinheit profitieren.«

Ich habe über das Problem der Pensionskassenanlagen schon öfter mit Politikern gesprochen. Insbesondere musste ich feststellen, dass sich die gewerkschaftlich organisierten Volksvertreter zu dieser Problematik noch nie wirklich Gedanken gemacht haben. Bei einigen wenigen hatte ich allerdings den Eindruck, dass sie das System genau verstehen, aber schlichtweg kein Interesse haben, etwas zu verändern. Anders gesagt, sie hoffen einfach, dass sie als gutbezahlte Gewerkschaftsfunktionäre persönlich nie einem Arbeitnehmer, also einem Mann aus dem Volke, begegnen, außer vielleicht dem Fahrer ihrer Mercedes-Limousine. Der stellt aber vermutlich keine solchen Fragen!

In diesem Zusammenhang erinnere ich mich an den Fall des deutschen Gewerkschaftsführers Steinkühler, welcher seinen Posten räumen musste, weil er als Aufsichtsratsmitglied eines DAX-Konzerns sein internes Wissen zu Insidergeschäften nutzte. Menschlich verständlich, oder?

In einem Interview mit einer deutschen Zeitung erklärte er, dass sein größtes Problem nach dem unfreiwilligen Abgang gewesen sei, dass er lernen musste, wie er sein Fahrzeug selbständig aus dem Parkhaus auslösen konnte!

Anlagepolitik der Pensionskassen

In den USA verwalten die Pensionsfonds Milliarden für die Altersvorsorge der Amerikaner. Sie legen ihre Gelder bei Beteiligungsgesellschaften an. Beispiel dafür ist die 33-Milliarden-Dollar-Übernahme des Krankenhausbetreibers HCA durch ein Konsortium aus KKR, Capital und Merrill Lynch Global sowie die Übernahme des amerikanischen Chipherstellers Freescale durch Texas Pacific, Blackstone und Permira für rund 16 Milliarden Dollar. Im Jahre 1988 wurde für 25 Milliarden Dollar der US-Nahrungsmittelkonzern RJR Nabisco durch KKR übernommen.

Diese Transaktionen werden sinnigerweise als »Club Deals« bezeichnet. Unsere Kennzeichnung der Geldvermehrer als CLUB ist also nicht aus der Luft gegriffen.

Diese »Club Deals« durch die Beteiligungsgesellschaften bringen jedoch zunehmend die Investoren, also die Pensionsfonds, gegen sich auf. Die Ursache ist darin zu sehen, dass solche Deals zu einer starken Risikokonzentration führen. Die Volumina dieser Deals sind so groß, dass ein Scheitern eines einzigen Deals die gesamte Branche erschüttern könnte. Dies würde die Pensionsfonds auch dann erheblich treffen, wenn sie ihre Gelder auf unterschiedliche Beteiligungsfirmen verteilen würden.

Die Beteiligungsgesellschaften tendieren immer mehr dazu, sich in Allianzen zu engagieren. Dieser Trend wird dadurch mitverursacht, dass die Branche immer mehr Probleme damit hat, geeignete große Übernahmekandidaten zu finden. Hinzu kommt, dass die Zinsen in den USA seit 2006 wieder deutlich angestiegen sind. Dies wiederum führte dazu, dass Übernahmen, die durch Schulden finanziert werden mussten, deutlich teurer geworden sind. (Durch die Ereignisse der Wirtschaftskrise sinken die Zinsen nun aber wieder.)

Die Übernahmen, durch Beteiligungsgesellschaften getätigt, umfassten im Jahr 2005 insgesamt 93 Milliarden Dollar in den USA. Weltweit verfügte die Branche im Jahr 2006 über mindestens 82 Milliarden Dollar.[46]

Hedge-Fonds haben 2006 rund 15 Billionen Dollar eingesammelt, rund 30% der Wertpapiertransaktionen werden in den USA durch sie getätigt. »Banken verdienen jüngsten Schätzungen zufolge 26 Milliarden Dollar jährlich mit Dienstleistungen und Krediten für die Fonds und balgen sich um das lukrative Geschäft.«[47]

Quelle für die Gelder dieser Transaktionen sind Sparer, Rentner und Arbeitnehmer, denn sie speisen sich aus Vermögensverwaltungen, Versicherungen und Pensionskassen. 2006 prognostizierte die U.S.-Beraterfirma Casey Quirk sowie die Bank of New

York, dass Ende 2008 mehr als 680 Milliarden Dollar von institutionellen Anlegern in den USA in Hedge Fonds investiert sein werden. Weit gefehlt. Ende 2007 waren es bereits 750 Milliarden und Ende 2008 über eine Billiarde. Mehr als die Hälfte der Gelder in Hedge-Fonds werden von den Pensionsfonds stammen.

Die Pensionsfonds stecken also Milliarden Dollar in Beteiligungsfonds, diese wiederum haben aber kein Interesse daran, dass die übernommenen Unternehmen ihre Gewinne steigern. Vielmehr wollen die Beteiligungsgesellschaften die Wirkung ausnutzen, die durch eine Fremdfinanzierung zu erwarten ist.

Es besteht also kaum ein Anreiz, die Gelder zu mehren und damit den darin versicherten Sparern Nutzen zu bringen.

Gerade die amerikanischen Pensionskassen und -fonds jedoch haben schon frühzeitig die volle Härte der Finanzkrise erfahren: Schon im Jahr 2008 war zu beobachten, dass den Pensionären in den USA die Rente dahingeschmolzen war und sie auf ihre alten Tage noch einmal einen Job annehmen mussten. Die Rente reicht nicht mehr!

Ich sage Ihnen jetzt schon voraus, dass dies in Europa in wenigen Jahren auch geschehen wird, es ist gar nicht anders möglich.

Jeder Politiker weiß dies, spricht aber nicht davon.

Noch einmal zurück in die USA.

Hier das Beispiel des Pensionsfonds Calpers (California Public Employees Retirement System), der 2003 noch eine Rendite von 23 Prozent erwirtschaftet hatte, eine zweistellige Rendite wie in fast all den Jahren davor seit 1984. Calpers verwaltet die Pensionsersparnisse von 1,6 Millionen Staatsangestellten in Kalifornien.

Er schrumpfte 2008 um über 27 Prozent und allein im letzten Quartal sogar um 41 Prozent. Doch auch andere Pensionsfonds haben eingebüßt, im Durchschnitt um ein Viertel im Jahr 2008. Der zweitgrößte Fonds der USA ist der Fonds der kalifornischen Lehrer (CalSTRS). Er schrumpfte um 20 Prozent. Die fünf Fonds der Stadt New York konnten im letzten Quartal 2008 ihre Einbußen auf 14 Prozent begrenzen. Im Staate Pennsylvania schrumpfte der Pensionsfonds um 28,6 Prozent zurück, der der Lehrer sogar um 29,7 Prozent.[48]

Pensionskassen und Korruption

Ein anderer problembehafteter Bereich, von dem immer wieder im Zusammenhang mit Pensionskassen hinter vorgehaltener Hand berichtet wird, ist die Korruption.

Die Manager von Pensionskassen lassen sich, so sagt man, gerne auch »schmieren«. Ihre Geldanlage ist begehrt. Man spricht davon, dass man ihnen einen Neuwagen zuschiebt, Fernreisen für die gesamte Familie, Logentickets für attraktive Konzerte, aber auch geldwerte Vorteile, Vergünstigungen bei Darlehen oder einfach bares Geld.

Das Problem liegt darin, dass die Pensionsfonds dann nicht mehr in die wirtschaftlich sinnvollsten Anlagen investieren, sondern in diejenigen Anlagen, die für den Verwalter des Pensionsfonds persönlich am lukrativsten sind, sprich: von denen er selbst am meisten profitiert.

Zwar sind diese korrupten Praktiken verboten. Aber es heißt auch hier: Wo kein Kläger, da kein Richter oder, vereinfacht gesagt, wo kein Kontrolleur, da auch keine Kontrolle.

Und so schieben die Akteure im CLUB sich gegenseitig die Vorteile zu, ohne dass davon nach außen etwas dringt und ohne dass sich die Geschädigten dagegen wehren könnten.

Abzocke beim Börsengang

Es ist wirklich zu verlockend: Millionen, die einfach so, ohne Gegenleistung, über den Tisch geschoben werden, von wohlmeinenden Anlegern, die auf kräftige Rendite in der Zukunft hoffen. So ein Börsengang ist schon was Feines.

Natürlich sind die Kontrollen scharf, um hier Selbstbedienung zu vermeiden und leere Versprechungen auszuschließen. Doch es geschieht immer wieder einmal.

Spätestens wenn Sie bei Kapitel 3 angelangt sind, verstehen Sie, dass ich selber überzeugt bin, dass sich in Zukunft die wachstumsstarken Unternehmen ihre Mittel durch Eigenkapital und nicht durch Fremdkapital besorgen müssen. Dazu braucht es Marktplätze, genannt Börsen. Diese stellen nicht nur einen Markt für die Beteiligungsrechte, wie Aktien etc., sondern unterstützen die Unternehmen auch beim Gang zur Börse durch die Vermittlung von Geldaufnahmen durch den Kapitalmarkt. Dieser Vorgang nennt man in der Praxis IPO, auf gut Deutsch: Initial Public Offering.

Mit diesem Vorgang erhält die neu an der Börse notierte Gesellschaft frisches Geld für ihr Wachstum. Darum geht es. Folglich ist volkswirtschaftlich ein Börsengang dann erfolgreich, wenn die auf diese Weise eingeworbenen Gelder der Unternehmung zur Verfügung stehen und nicht den Altaktionären, was leider immer wieder passiert.

Ich habe in solchen Fällen ja viel Verständnis für die individuelle Situation der Altaktionäre. Ich mag das Geld den Leuten natürlich auch gönnen. Es geht aber darum, dass die Altaktionäre sicherstellen, dass in erster Linie die Unternehmung atmen kann, der Altaktionär hat immer die Möglichkeit, seine Aktien nachher über den Markt, d.h. über die Börse, zu veräußern, sollte er wirklich Geld brauchen.

Natürlich gibt es Gründe, warum dies so ist.

Der Hauptgrund ist die Volatilität des Aktienpreises. Im Zusammenhang mit dem erfolgreichen IPO hat der Altaktionär meistens die Sicherheit, seine Papiere auf sogenannten »Höchstständen« zu verkaufen. Die Statistiken zeigen, dass in vielen Fällen nach dem Börsengang die Preise der Aktien wieder fallen. Noch einmal, es ist verständlich, dass die Altaktionäre so handeln, aber trotzdem falsch.

Aus meiner Sicht nun drei bekannte Beispiele, wie es nicht

hätte sein sollen. Drei aus einer Liste von Hunderten und Tausenden Gesellschaften weltweit:

C.A.T. Oil

Beim Börsengang der österreichischen Firma C.A.T. Oil wurde die Aktie 25-mal überzeichnet. Die so aufgebrachte Summe lag zwischen 300 und 400 Millionen Euro. Der überwiegende Teil dieser Summe floss zu den Altaktionären.

Die österreichische C.A.T. Oil AG ist ein hochspezialisiertes Unternehmen, das russische Konzerne bei der Öl- und Gasförderung unterstützt.

Das Unternehmen wurde 1991 in Celle in Niedersachsen gegründet. 1993 hat es seinen Sitz nach Baden bei Wien verlegt. Die C.A.T. Oil AG ist eine hundertprozentige Tochter der Cat Holding Limited, die zu gleichen Teilen der Mitgründerin Anna Brinkmann und einem europäischen Finanzinvestor gehört, wie das Manager-Magazin berichtet.

Tatsächlich wurden 19,6 Millionen Aktien angeboten, von denen aber 10,7 Millionen Gesellschaftsanteile von den Altaktionären stammen. Die Kapitalerhöhung betrug also nur knapp 8,9 Millionen Aktien.

Kurz gesagt: Die Altaktionäre wollen jetzt Kasse machen, und die Neuaktionäre sollen das bezahlen.

Skandalös bei diesem Börsengang ist noch ein anderer Punkt: Die Aktionärsstruktur des Unternehmens ist undurchsichtig. C.A.T. Oil befand sich bislang im Besitz der C.A.T. Holding mit Sitz Zypern. Diese kontrolliert die russischen Tochterunternehmen Catobneft und Catkoneft, die das eigentliche Geschäft betreiben.

Einen bedeutenden Anteil an der Gesellschaft hält Anna Brinkmann, die früher einmal Assistentin des Vorstands war, nun jedoch selbst Vorstandsmitglied ist. Der Besitzer des vermutlich größeren Teils der C.A.T. Oil aber bleibt im Dunkeln. Es soll sich dabei um einen westeuropäischen Finanzinvestor handeln.

Die Besitzverhältnisse der C.A.T. Oil sind also schleierhaft. Die Aktionäre erhalten nur zum Teil Einblick in die Geschäftsverhältnisse – eine mangelhafte Transparenz, die an sich skandalös ist.

In Anbetracht dessen erstaunt es nicht, dass die Schweizer Bank UBS von ihrer Beteiligung am Börsengang von C.A.T. Oil Abstand genommen hat.

Air Berlin

Dasselbe geschah beim Börsengang der bekannten Fluggesellschaft Air Berlin. Da war die Summe etwas niedriger, aber auch hier landete mehr als die Hälfte der Gelder in den Taschen der Herren Hunold und anderer Altaktionäre.

Doch nicht genug des Schacherns – wie das Manager-Magazin meldete, ging Air Berlin hochverschuldet an die Börse: »Unter dem Strich stand 2005 nach Einmaleffekten ein Verlust von 115,9 Millionen Euro, gab Air-Berlin-Chef Joachim Hunold am Montagabend bekannt. Der Verlust vor Zinsen und Steuern (Ebit) sei auf 5,5 Millionen Euro gestiegen nach einem Minus von 0,7 Millionen Euro in 2004.«[49]

Air Berlin ist also ein Sanierungsfall, und die neuen Anteilseigner zahlen die Zeche – zum Wohlbefinden der alten Eigentümer.

Venturion

Eine Abzocke übelster Art hat der Finanzvertrieb Venturion im Jahr 2004 hingelegt. Im November 2004 wollte das Unternehmen 25 Millionen Aktien an der Börse platzieren. So jedenfalls die Ankündigung.

Für etwa ein Drittel der Summe haben die 800 freien Handelsvertreter von Venturion bereits private Anleger gefunden, die die Aktie für 3,50 Euro pro Stück übernommen haben.[50]

Im November musste das Unternehmen allerdings Insolvenz anmelden. Es hatten sich 16.000 bis 18.000 Privatanleger an Venturion beteiligt, die mit Versprechen von hohen Gewinnen nach einem Börsengang geködert worden waren. Dabei konnte Venturion für das Jahr 2003 noch nicht einmal eine testierte Bilanz vorlegen. Im Jahr 2004 machte es überdies Verluste, die freien Handelsvertreter mussten auf ihre Bezahlung warten.

Der Gesamtschaden der Pleite summierte sich auf etwa 30 Millionen Euro. Die Schwerpunktstaatsanwaltschaft für Wirtschaftskriminalität in Bochum hat ca. 12.000 Ordner mit Material beschlagnahmt. Andere Masse – sprich: Geld – ist offenbar keines mehr da. Ist wohl in die Taschen der Verantwortlichen geflossen: Vorstandschef Adolf Eggendorf, sein Sohn Matthias Eggendorf, Geschäftsführer Karsten Baschin, Aufsichtsratsvorsitzender Bertram Schmelz.

Aber es hat wohl nicht gereicht, denn die Genannten haben dieselbe Masche zu neuem Leben erweckt in der »Con Vida Wirtschaftsgesellschaft mbH«, die sich alsbald wieder auf der Verbraucherschutz-Warnliste im Internet[51] fand.

Off-shore-Aktivitäten – am Staat vorbei

Die Meldung erschütterte die Republik und nicht nur die deutsche. Sie versetzte die Öffentlichkeit in einen Zustand, der abwechselte zwischen Verwunderung, Schadenfreude und letztlich Empörung: Die Steueraffäre Zumwinkel, deren Meldung sich im Februar des Jahres 2008 schnell ausbreitete und zu einer flächendeckenden Aufdeckungskampagne der Steuerhinterziehung mithilfe des Fürstentums Liechtenstein wurde.

Der Fall: Der damalige Chef der Deutschen Post, Klaus Zumwinkel, wurde unter dem Verdacht der Steuerhinterziehung mithilfe einer Liechtensteiner Stiftung festgenommen.

Auslöser war eine medienwirksame Aufdeckung Liechtensteiner Stiftungen, die nur zum Zwecke der Steuerhinterziehung gegründet werden. Liechtenstein ist offenbar Spezialist in diesem Metier, um den armen, vom deutschen Fiskus angeblich arg gebeutelten Reichen im großen Nachbarland ein effektives Schlupfloch zu bieten, mit dem sie der Steuer entkommen können.

Etwas unschön dabei war eigentlich nur die Zurschaustellung des Postchefs Zumwinkel. Die Medienresonanz war offenbar Teil der Aufdeckung. Es hätte auch leiser vonstatten gehen können.

Doch mittlerweile ist Zumwinkel schon fast wieder vergessen. Er ist rechtsgültig verurteilt, die Sache ist gegessen. Genüsslich werden nun die Folgeaufdeckungen von den Zeitungen und den Rundfunkredaktionen aufgegriffen. Zunächst waren es an die 700 Steuerhinterzieher auf einer CD mit gekauften Kontendaten. Im Sommer 2008 kamen weitere Datensätze aus anderer Quelle hinzu, weit über eintausend, wie man hört. Ein Ende ist nicht in Sicht.

Die Frage aber stellt sich: Wer verbirgt sich hinter diesen Kontodaten? Sicherlich nicht Otto Normalbürger, der jedes Jahr brav seine Lohnsteuererklärung abgibt, um vom Finanzamt ein paar Euro zurückzubekommen. Denn für diese Leute wäre ein schwarzes Konto in der Schweiz oder eine Steuersparstiftung in Liechtenstein nur ein teures Geschäft.

Es sind »die Reichen« – wen immer man auch dazu zählen möchte –, oder kürzer: die Mitglieder des CLUBs, die sich solcher Umwege bedienen.

Es sind jene Leute, die solche Wege und Mittel doch eigentlich gar nicht nötig haben, möchte man meinen. Nötig haben würde für einen Normalverdiener heißen: Die Steuer nimmt einem auch noch die letzten paar Euro, die man eigentlich auf die hohe Kante legen wollte, die man eigentlich dafür gebraucht hätte, einen neuen Wohnzimmerteppich oder sonst was zu kaufen. Aber es wurde wieder nichts – wegen der Steuerlast. Mit solchen Einschränkungen müssen sich diese Reichen nicht abkämpfen, denn sie haben genug, leben im Überfluss.

Diese Frage nach dem »Nötig-haben« taucht unvermittelt auf, wenn man sieht, dass eben ein Herr Zumwinkel jedes Jahr über ein Grundgehalt von rund 2,9 Millionen Euro verfügen konnte, zusammengesetzt aus einem Fixgehalt von 1,5 Millionen Euro und Bonuszahlungen von weiteren 1,4 Millionen Euro.

Damit, so denken wir unbedarften Normalmenschen, müsste es doch eigentlich möglich sein, auch ein bisschen Steuern zu zahlen. Wenn wir dann vielleicht noch so vermessen sind zu glauben, dass sein Gehalt oder das Gehalt vergleichbarer Personen so hoch ist, weil eben schon die Steuerzahlungen mit einberechnet wurden – ja, dann wird das noch viel unverständlicher.

Und so stimmt es wohl, was allenthalben von ähnlich denkenden Normalmenschen, die ihre Kommentare dazu in den Zeitungen abgeben, gemutmaßt wird: Steuerhinterziehung dieser Art ist der Freizeitsport der Reichen: »Was, Sie zahlen noch Steuern? Wie bedauerlich!«

Von hier aus kommen wir ohne Umwege zum CLUB. Denn auch dort sammeln sich Unsummen von Geldern an, die eigentlich keines der CLUB-Mitglieder zum Leben braucht. Allerdings handelt es sich hier um Unsummen, die mit den dann recht klein erscheinenden Beträgen à la Zumwinkel und Konsorten gar nicht mehr vergleichbar sind.

Die meisten Fonds haben ihren Sitz in Steuerparadiesen, die sie mit wenig oder keinen Steuern locken und die ohne Regulierung auskommen. Dadurch ist es gerade Hedge-Fonds möglich, aber auch anderen Finanzinvestoren, riskante Geschäfte ohne Kontrolleingriffe zu realisieren.

Ein Reihe von solchen Firmensitzen sind bekannt und gerne von den Finanziers frequentiert:

– **Bermuda:** Viele Fondsgesellschaften und vor allem Hedge-Fonds haben ihren Sitz auf die Bermuda-Inseln verlegt, die ihnen enorme steuerliche Vorteile bieten. Die Nordatlantikinseln sind auch ein wichtiges Zentrum für Rückversicherer und konzerneigene Versicherungen. Die rund 1300 registrierten Versicherungen verwalten mehr als 300 Milliarden Dollar.
– **Cayman-Inseln:** Die kleine Inselgruppe in der Karibik ist die

Heimat der Hedge-Fonds. Zwar sitzt das Management der meisten Fonds in London oder New York, doch ein Sitz auf den Cayman-Inseln ermöglicht ihnen riskantere Geschäfte. Ähnlich wie die britischen Jungferninseln sind die Cayman-Inseln ein klassisches Steuerparadies für dubiose Firmen.

– **Dubai:** Mit seiner Freihandelszone und den steuerlichen Freiheiten lockt Dubai Kapital an. Ebenso versucht das ärmere Emirat Ras al-Cheimah die großen Investoren anzuziehen. Allerdings ist der Streit um das Doppelbesteuerungsabkommen der Vereinigten Arabischen Emiraten mit Deutschland, das 2008 ausläuft, noch nicht ausgeräumt.

– **Hongkong und Singapur:** Als chinesische Sonderwirtschaftszonen können beide Zentren die ausländischen Firmen durch Steuererleichterungen auf Kapitaleinkünfte anlocken.

Nicht erst seit der »Liechtenstein-Affäre« 2008 verschärft sich die Einstellung der anderen Länder, insbesondere der USA, der EU und nicht zuletzt Deutschlands, zu den Steueroasen.

Seitdem ist es wohl schwieriger geworden, ein attraktives Versteck für abgezweigte Millionen auf dem europäischen Kontinent zu finden. Wenn bis vor wenigen Monaten noch Liechtensteiner Stiftungen als Insider-Tipp und exklusives Refugium gelten konnten, so haben sich die Vorraussetzungen nun doch schon sehr gewandelt.

Die OECD hat während der letzten Monate, vor allem als Konsequenz der Wirtschaftskrise, massiv Druck ausgeübt auf viele vermutete Steueroasen!

Die Off-shore-Welt der Zukunft wird nicht mehr die gleiche sein wie bisher.

Liechtenstein schien bislang als sicherer Hafen für das Schwarzgeld deutscher Bürger. Der Kleinstaat in den Alpen hat erst 2005 eine eigene Finanzmarktaufsicht eingerichtet. Vor allem über Treuhänder und Stiftungen ließen sich bislang sehr komfortabel geheime Geschäfte abwickeln. Alle fürstliche Diskretion half jedoch nicht, denn letztlich hat ein »Whistleblower«, ein »Verpfeifer«, das Kartenhaus aus Steuersparstiftungen zum Einsturz gebracht. Jetzt kann man sich schon auf gar nichts mehr verlassen!

Tatsächlich aber wurden nach Informationen der Süddeutschen Zeitung[52] die Liechtensteinische Landesbank LLB und mit ihr deutsche Bankkunden bereits 2003 erpresst. Kunden der Bank, die in Liechtenstein ihr Schwarzgeld vor dem deutschen Fiskus versteckten, erhielten fotokopierte Kontenauszüge, eine Auflistung aller Konto- und Depotstände und oft sogar das eigentlich geheime Kennwort oder den Namen zum Nummernkonto.

Für die LLB ein schmerzhafter Skandal, den sie so weit wie möglich unter dem Deckel halten wollte. Ohne die Strafverfolgungsbehörden zu informieren, hatte die LLB monatelang versucht, mit dem Erpresser zu verhandeln, und bot großzügige Summen an, Schweigegeld also.

Der Erpresser, ein ehemaliger hochrangiger Mitarbeiter der LLB, der 2325 Bankbelege von insgesamt 1300 Kunden gestohlen hatte, wurde in Liechtenstein verurteilt. Im Jahr 2005 aber haben sich vier weitere Erpresser aus Rostock gemeldet, die die LLB erneut unter Druck setzten. Sie verlangten 13 Millionen Euro. Die LLB zahlte 9 Millionen Euro und bezog zunächst die Polizei nicht ein. Als dann jedoch einer der Erpresser in Rostock versucht hatte, 1,3 Millionen Euro in bar bei seiner Bank einzuzahlen, flogen sie auf.

Die im Jahre 2008 neu aufgetauchten Daten deutscher Steuersünder in Liechtenstein stammen offenbar aus einem anderen Datenklau, denn dieses Mal handelte es sich nicht um Kundendaten der LLB, sondern um die Liechtensteiner LGT-Bank. Beteiligt war auch der Bundesnachrichtendienst, der die Kontakte zwischen deutscher Steuerbehörde und Informant hergestellt hat. Es ging um 700 Vermögende und Prominente aus Deutschland mit einer Stiftungssumme von rund 3,4 Milliarden Euro, deren Zinserträge am deutschen Fiskus vorbei geschleust wurden.[53]

Übrigens, die LGT-Bank gehört zu 100% der fürstlichen Familie von und zu Liechtenstein. Diese ist nicht wirklich eine Familie, wie man es vermuten könnte, sondern vielmehr eine CLUB-Organisation, dem Vatikan mehr als nur nahestehend. Ich verweise in diesem Zusammenhang auch auf meine Ausführungen zum Thema Vatikan.

Liechtenstein ist also nicht mehr so besonders sicher.

Eine Ausweichadresse wären vielleicht die Kanalinseln Jersey und Guernsey, auf denen es hundert Finanzinstitute gibt, darunter einige deutsche, und über 350 Versicherungsunternehmen. Die Kanalinseln waren immer wieder Anlaufstelle für Anleger von Schwarzgeld oder solchen, die ihr Vermögen unbemerkt vom Fiskus des Heimatlandes vermehren wollten. »Äußerste Diskretion, eine weitmaschige Gesetzgebung und geringe Steuern machten den Finanzplatz zwischen England und Frankreich groß. Doch die Steueroase von früher ist nicht mehr. Inzwischen müssen Banken und Offshore-Firmen Identität und Herkunft der zu verwaltenden Vermögen feststellen.«[54]

Auch die Isle of Man in der Irischen See ist für Vermögende innerhalb der EU ein attraktives Steuerschlupfloch. 70 Banken sind auf der Insel registriert, dazu zahlreiche Versicherungen, Finanzgesellschaften oder Pensionskassen. Auf der Insel herrscht Steuerfreiheit, ihre Spezialität aber sind Trusts: Sie können von Nichtansässigen zur Nutzniessung Nichtansässiger gegründet werden. Kommt das Einkommen des Trusts dann von außerhalb der Insel, bleibt dieser steuerfrei. Lassen Gesetze in der Heimat den Rechtsträger Trust nicht zu, können Vermögende problemlos auf das Instrument der Stiftung ausweichen. Dort ist das einfacher und kostengünstiger als in vielen anderen Steueroasen, in denen Stiftungen angeboten werden – beispielsweise günstiger als auf den Kanalinseln.[55]

Auch Gibraltar ist ein Geheimtipp. Hier haben sich rund 75.000 Off-shore-Gesellschaften und rund 30 Banken niedergelassen. Viele Deutsche, die an der spanischen Costa del Sol das

Leben genießen, nutzen Gibraltar als steuersparenden Finanzplatz. Aber im Grunde bietet die Stadt am Affenfelsen nichts, was andere Steueroasen nicht auch aufweisen könnten. Immerhin, das Bankgeheimnis ist in Gibraltar ein besonders geschütztes Gut. Es gilt das Gewohnheitsrecht, Geldinstitute sind zur absoluten Diskretion verpflichtet.

Die Off-shore-Finanzplätze werden in drei Gruppen eingeteilt mit sinkender Regulierung.

- Gruppe I sind Finanzplätze mit guter Infrastruktur und einer ausgeprägten juristischen Struktur sowie mit relativ guter internationaler Zusammenarbeit.
- Gruppe II sind Finanzplätze, deren gesetzliche Regulierung niedriger ist als diejenige der Gruppe I, aber immer noch höher als in Gruppe III.
- Gruppe III weist in der Infrastruktur das niedrigste Niveau auf und die gesetzliche Regulierung sowie die Zusammenarbeit mit internationalen Institutionen sind am geringsten ausgebildet.

Die folgende Tabelle 10 zeigt die Off-shore-Finanzplätze dieser Welt, eingeteilt nach den drei genannten Gruppierungen und mit aktuellen charakterisierenden Eigenschaften:

	Off-shore-Finanzplatz	IWF-Mitglied	Historische Verbindung zu einem IWF-Mitglied	Einwohnerzahl (in Millionen)	Anzahl von Banklizenzen	Aufsichtsbehörde
Gruppe I						
1	Dublin (Irland)	Ja	irr.	k. A.	54	Central Bank of Ireland
2	Guernsey	Nein	Britische Dependance	0,07	77	Guernsey Financial Services Commission
3	Hongkong	Nein	Teil Chinas	6,85	454	Hong Kong Monetary Authority
4	Isle of Man	Nein	Britische Dependance	0,07	67	Financial Supervisory Commission
5	Jersey	Nein	Britische Dependance	0,09	79	Jersey Financial Services Commission
6	Luxemburg	Ja	irr.	0,42	221	Commission de surveillance du secteur financier
7	Singapur	Ja	irr.	3,87	212	Monetary Authority of Singapore
8	Schweiz	Ja	irr.	7,1	k. A.	Federal Banking Commission

Off-shore-Aktivitäten – am Staat vorbei   **145**

	Off-shore-Finanz-platz	IWF-Mitglied	Historische Verbindung zu einem IWF-Mitglied	Einwoh-nerzahl (in Millionen)	Anzahl von Bank-lizenzen	Aufsichts-behörde
Gruppe II						
1	Andorra	Nein	Frankreich u. Spanien	0,06	k. A.	k. A.
2	Bahrain	Ja	ehemalige britische Kolonie seit 1971	0,62	102	Bahrain Monetary Agency
3	Barbados	Ja	ehemalige britische Kolonie seit 1966	0,26	63	Central Bank of Barbados
4	Bermuda	Nein	britisches Übersee-territorium	0,06	3	Bermuda Monetary Authority
5	Gibraltar	Nein	britisches Übersee-territorium	0,03	32	Financial Services Commission
6	Labuan (Malaysia)	Ja	irr.	k. A.	k. A.	Labuan Off-shore Financial Services Authority
7	Macao	Nein	Teil Chinas	0,44	k. A.	Monetary and Foreign Exchange. Authority of Macao
8	Malta	Ja	irr.	0,38	20	Central Bank of Malta/Financial Services Centre
9	Monaco	Nein	Frankreich	0,03	k. A.	k. A.

Off-shore-Finanzplatz	IWF-Mitglied	Historische Verbindung zu einem IWF-Mitglied	Einwohnerzahl (in Millionen)	Anzahl von Banklizenzen	Aufsichtsbehörde
Gruppe III					
1 Anguilla	Nein	britisches Überseeterritorium	0,01	6	Directorate of Financial Services, MOF
2 Antigua & Barbuda	Ja	ehemalige britische Kolonie seit 1981	0,07	55	MOF and Supervisor of Banking and Trust Corps.
3 Aruba	Nein	Teil der Niederlande	0,07	6	Central Bank of Aruba
4 Bahamas	Ja	ehemalige britische Kolonie seit 1973	0,3	418	Central Bank of the Bahamas
5 Belize	Ja	ehemalige britische Kolonie seit 1981	0,24	5	Central Bank of Belize
6 British Virgin Islands	Nein	britisches Überseeterritorium	0,02	13	Financial Services Inspectorate
7 Cayman Inseln	Nein	britisches Überseeterritorium	0,04	575	Cayman Islands Monetary Authority
8 Cook-Inseln	Nein	assoziiert mit Neuseeland	0,02	k. A.	k. A.
9 Costa Rica	Ja	irr.	3,53	28	Banking Superintendency
10 Zypern	Ja	ehemalige britische Kolonie seit 1960	0,77	46	Central Bank of Cyprus

Off-shore-Aktivitäten – am Staat vorbei 147

	Off-shore-Finanzplatz	IWF-Mitglied	Historische Verbindung zu einem IWF-Mitglied	Einwohnerzahl (in Millionen)	Anzahl von Banklizenzen	Aufsichtsbehörde
11	Libanon	Ja	irr.	3,14	98	Banking Control Commission, Banque du Liban
12	Liechtenstein	Nein	irr.	0,03	11	Financial Services Authority
13	Marshall-Inseln	Ja	irr.	0,07	k. A.	k. A.
14	Mauritius	Ja	irr.	1,16	20	Bank of Mauritius
15	Nauru	Nein	früheres UN-Treuhandgebiet	0,01	k. A.	k. A.
16	Niederländische Antillen	Nein	Teil der Niederlande	0,2	56	Bank van de Netherlandse Antillen
17	Niue	Nein	assoziiert mit Neuseeland	0,002	k. A.	k. A.
18	Panama	Ja	irr.	2,76	97	Superintendent of Banks of the Republic of Panama
19	Samoa	Ja	irr.	0,17	k. A.	k. A.
20	Seychellen	Ja	irr.	0,08	6	Central Bank of Seychelles
21	St. Kitts and Nevis	Ja	irr.	0,04	k. A.	MOF, ECCB
22	St. Lucia	Ja	irr.	0,15	7	Financial Service Supervision Department of MOF, ECCB

	Off-shore-Finanz-platz	IWF-Mitglied	Historische Verbindung zu einem IWF-Mitglied	Einwohnerzahl (in Millionen)	Anzahl von Banklizenzen	Aufsichtsbehörde
23	St. Vincent und Grenada	Ja	irr.	0,11	17	MOF, ECCB
24	Turks and Caicos	Nein	britisches Überseeterritorium	0,02	k. A.	Financial Services Commission
25	Vanuatu	Ja	irr.	0,18	7	Vanuatu Financial Services Commission

irr. = irrelevant
k. A. = keine Angaben
MOF = Ministry of Finance
ECCB = Eastern Caribbean Central Bank
BIS = Bank for International Settlements

Quellen: International Financial Statistics (February 2000); »Participation of Off-shore Centers in the 2001 Coordinated Portfolio Investment Survey« (IMF, Statistics Department, January 2000); Financial Stability Forum's Press Release of May 26, 2000.

Tabelle 10: Internationale Off-shore-Finanzplätze nach dem IWF

Auch wenn nun durch die Beschlüsse der G-20-Regierungschefs vom 2. April 2009 den Off-shore-Zentren das Leben schwer gemacht wird, besteht die Befürchtung, dass sich neue Off-shore-Plätze weltweit etablieren, möglicherweise an Orten, an die wir im Moment gar nicht denken.

Die Welt ist groß, die Interessenlage der Völker verschieden und grundsätzlich ist alles möglich. Lassen wir uns überraschen!

Es ist nicht das Ziel meines Buches, über die Off-shore- und Schwarzgeldleute zu richten. Weder juristisch noch moralisch.

Ich möchte lediglich aufzeigen, dass diese CLUB-Mitglieder nicht nur ihre Steuerlast vermindern, sondern aktiv ihre Vermögen dem volkswirtschaftlichen Kreislauf weitgehend entziehen.

Das ist das eigentliche Problem. Diese wohlbetuchten Leute bereichern sich zu Lasten der Volkswirtschaften, d.h. den Milliarden von Menschen, die nicht Mitglied im CLUB sind.

In Bezug auf die Auswirkungen auf die Volkswirtschaft ist das Problem der sogenannten »Schwarzarbeit« ganz ähnlich gelagert. Auch hier verliert die Allgemeinheit, allein in Deutschland, Milliarden von Steuereinnahmen und Sozialversicherungsbeiträgen.

Diese Situation ist allerdings geographisch viel näher anzusiedeln. Die meisten europäischen Industrieländer kennen dieses Problem und finden keine Lösungen.

Die vermutenden Schadenssummen durch Schwarzarbeit liegen bei den wichtigsten Industrienationen bei mehreren Milliarden jährlich, pro Land. Die Währung spielt da gar keine Rolle, der Betrag ist in jeder Währung unglaublich hoch.

Genau dasselbe gilt für die überall kursierende Korruption. Nur hier ist die Klientel vermutlich eine andere. Die meisten korrupten Staatsbeamten gehören nicht in den CLUB. Darum verlasse ich das Thema auch gleich wieder, obwohl die Probleme um diesen Themenkreis groß sind.

Kapitel 3: Wer vernichtet den Mittelstand und die Arbeitsplätze?

Wer dem Mittelstand den Kredithahn geschlossen hält oder nur tröpfeln lässt, macht jede innovative Kraft zunichte. Und gerade die mittelständischen Unternehmen sind in unseren Breitengraden jene Unternehmen, die unsere Innovationskraft bestimmen.

Innovationen bedürfen jedoch der finanzstarken Partner, denn jede Innovation muss sich zuerst am Markt etablieren, um Gewinne abwerfen zu können. Jede Neueinführung einer Innovation, so gut sie auch sein mag, kann kaum ohne eine starke Finanzspritze reüssieren.

Der Mittelstand braucht also den Kredit, um die Zukunft finanzieren zu können. Geld wäre genug da, und zwar weltweit. Doch leider müssen Mittelständler zu oft zum Klinkenputzen gehen. Zu oft wird ihren Ideen die finanzielle Unterstützung versagt. Der CLUB häuft zwar Unmengen an Geldern an; die Ideenbringer unserer Gesellschaft auf der anderen Seite werden jedoch finanziell ausgetrocknet.

Wir sollten nicht vergessen, dass der Mittelstand unser wichtigstes Arbeitsplatz-Reservoir ist. Tabelle 20 bringt hierzu ein paar eindrucksvolle Zahlen: Während die Umsätze in Deutschland nur zu gut 43 Prozent vom Mittelstand erbracht werden, sind fast 80 Prozent aller Arbeitsplätze dort angesiedelt. Fast 82 % der Ausbildungsplätze unserer Jugend finden sich in mittelständischen Unternehmen.

Man könnte sagen, wenn es dem Mittelstand gut geht, geht es uns allen gut. Denn die meisten von uns sind in mittelständischen

Unternehmen beschäftigt. Die Großunternehmen spielen da eine eher untergeordnete Rolle.

Darum kann es nur in unser aller Interesse sein, wenn dieser Mittelstand mit seinem Ideenreichtum zur Verwirklichung der zukunftsträchtigen Visionen auch ausreichend Finanzmittel erhält.

Anteil des Mittelstands in Deutschland an …	KMU	Großbetriebe
Unternehmen	99,7 %	0,3 %
Umsatz	43,2 %	56,8 %
Bruttowertschöpfung	48,8 %	51,2 %
Erwerbstätigen	79,4 %	20,6 %
sozialversicherungspflichtig Beschäftigten	77,2 %	22,8 %
Auszubildenden	81,9 %	18,1 %
Unternehmensinvestitionen	46,0 %	54,0 %
Forschungs- und Entwicklungsaufwendungen der Wirtschaft	12,2 %	

Quelle: Institut für Mittelstandsforschung der Universität Mannheim

Tabelle 11: Die Bedeutung der mittelständischen Unternehmen in Deutschland

Doch leider ist das Gegenteil vielfach Realität. In den folgenden Kapiteln wird diese Thematik eingehend vorgestellt.

Die Finanzierungssituation im Mittelstand

Der Mittelstand in der Hand von Hedge-Fonds

In den letzten Jahren sind nun die berüchtigten Hedge-Fonds auch in die »Niederungen« des Mittelstandes eingestiegen.

Das hatte seinen Grund. Viele mittelständische Unternehmen haben sich während der letzten Jahrzehnte sehr positiv entwickelt. Es wurden Produkte und Marken kreiert, es wurden in vielen Branchen auch starke Marktpositionen erarbeitet. Dies ist

Die Finanzierungssituation im Mittelstand

den Spekulanten der Hedge-Fonds natürlich nicht entgangen. In den Siebziger- und bis in die Mitte der Neunzigerjahre war die Geldversorgung des Mittelstandes durch Bankkredite ja mehr oder weniger sichergestellt. Ja, es gab Zeiten – das war so zwischen 1985 und 1990, wie ich mich noch gut erinnern kann –, da wurden die Gelder von den Banken den Unternehmern nur so nachgeschmissen. Es kamen sogar Unternehmungen zu Krediten, die gar nicht kreditwürdig waren.

Der Grund dieser Situation war auch damals nichts anderes als Gier der Bankmanager. Dies hat dann auch immer wieder zu großen Verlusten bei Kreditbanken geführt. Nur hat dies alles, im Vergleich zur heutigen Situation, auf einer wirtschaftlich viel tieferen Ebene stattgefunden. Diese Verluste und das Fehlverhalten der damaligen Bankmanager waren aber auch die Auslöser der vor einigen Jahren in Kraft getretenen Basel-II-Verordnungen und -Regulatorien für das Kreditwesen.

Der Mittelstand wurde also plötzlich zur neuen Spielwiese der Hedge-Fonds. Grundsätzlich wäre gegen diese Entwicklung nichts einzuwenden, hätten sich die Hedge-Fonds als neue Anteilseigner mittelständischer Unternehmungen auf das Zurverfügungstellen von Wachstumskapital beschränkt.

Dies war natürlich nicht die Absicht der Hedge-Fonds, wie Sie sich sicher gut vorstellen können. Hier nun einige Beispiele:

CeWe Color

Die Investoren der Hedge-Fonds treten häufig auf wie gewöhnliche Investoren, die in mittelständische Unternehmen einsteigen. Wenn sich allerdings der Aktienkurs nicht in der gewünschten Weise entwickelt, kann sich das Verhalten der Hedge-Fonds rasch ändern. Das Beispiel der Deutschen Börse AG kann sich schnell wiederholen, auch bei kleineren und mittleren Unternehmen.

Ähnlich heftig war der Streit um den Fotodienstleister *CeWe Color* im Gange. Dort haben sich die Hedge-Fonds *M2 Capital* aus New York und *K Capital* aus Boston mit einer Minderheitsbeteiligung eingekauft, die danach trachten, das Management abzusetzen.

Die beiden Investoren drängen darauf, trotz sinkendem Umsatz und Gewinn der *CeWe Color AG* eine Sonderdividende von 37 bis 120 Millionen Euro auszuschütten. Um dies zu finanzieren, soll *CeWe* einen Kredit aufnehmen, obwohl bei *CeWe Color* zur selben Zeit der Umsatz und der Gewinn im Schrumpfen begriffen sind.[56]

Unternehmerisch ist dies mehr als bedenklich. Der traditionelle Fotomarkt bricht weg in Zeiten digitaler Fotografie und immer besser werdenden Fotodruckern. *CeWe* benötigt das Kapital für Zukunftsinvestitionen, nicht aber für kurzfristige Sonderausschüttungen an gierige Aktionäre.

Der Vorstand schlug auf der *CeWe*-Hauptversammlung vom 26. April 2007 eine Dividende von 1,20 Euro vor, während die Hedge-Fonds um David Marcus in einem Gegenantrag den Vorstand entmachten wollten und zudem eine Sonderdividende von fünf Euro forderten.

Zum Glück hat sich aber doch eine dünne Mehrheit aus vernünftigen Aktionären, die 58 % ausmachten, für den bisherigen Vorstand und gegen die Forderungen der Hedge-Fonds entschieden.

Balda

Zahlreiche andere mittelständische Unternehmen sind von Hedge-Fonds durchdrungen, so etwa der Mobilfunkzulieferer Balda, in den Hedge-Fonds wie Audley und Cycladic Capital sowie Finanzinvestoren wie Guy Wyser-Pratte engagiert sind. Diese Kräfte zusammengenommen haben bis Anfang 2008 etwa 30 % Anteile gehalten.

Am 17. März 2008 meldet das Handelsblatt vom Ausstieg der beiden Großaktionäre Morgan Stanley und Guy Wyser-Pratte, die jeweils fünf Prozent an Balda gehalten hatten. Audley Capital mit einer 10-prozentigen Beteiligung hielt weiterhin an Balda fest, bislang noch nicht zum Nachteil der Firma.

Der Hedge-Fonds-Manager Florian Homm

Die Baumarktkette *Praktiker* ist von *Bluecrest* als Aktionär infiltriert, der TV-Sender *Premiere* von *Citadel,* der Immobilienhändler *Vivacon* von *Lansdowne* und dem Florian-Homm-Fonds *Absolute Capital Management AG,* der Industriekran-Hersteller *Demag Cranes von GLG Partners.*

Beim Ablesekonzern *Techem* verhinderten Hedge-Fonds eine Übernahme. Auch kleinere Firmen wie *Drillisch* und *Süss Microtec* zählen zu den Zielen der Hedge-Fonds. Immer wieder ist Florian Homm dabei. Aber auch Modeproduzent Gerry Weber, das Finanzunternehmen *Cash Life* und *Wige Media* gehörten wie etliche andere Firmen zum Homm-Portfolio.

Hedge-Fonds unterscheiden sich äußerlich kaum von anderen Fonds. Sie steigen in ein Unternehmen ein – und dann geschieht nichts Besonderes. So sind etwa die Verantwortlichen bei *Drillisch* über ihren Hedge-Fonds-Investor positiv eingestellt.

Florian Homm sagt dazu: »Leute, die Ihnen das große Geld anvertrauen, wollen nicht nur Rendite, sondern auch eine stabile Struktur.« Und deshalb sei seine Gesellschaft *Absolute Capital Management (ACM)* auch durch die US-Finanzaufsicht SEC reguliert.

Homm, vielfach in der Presse als *Enfant terrible* der Branche charakterisiert, weil gegen ihn wegen Kursmanipulation ermittelt wurde, gab sich gezähmt und zählte noch 2007 »risikobewusste institutionelle Anleger« zur Zielgruppe.

Doch plötzlich, im September 2007, wirft Homm hin. Er zieht sich aus dem operativen Geschäft zurück, wie es hieß. Der Aktienkurs seiner Firma Absolute Capital Management AG (ACM), an der Londoner Börse notiert, schmiert danach ins Bodenlose ab. Anlagegelder in Höhe von 2,1 Milliarden Dollar werden für ein Jahr eingefroren.[57]

Über die Gründe wird nur spekuliert. Und Homm? Spurlos verschwunden. Mitte 2008 schreibt die WirtschaftsWoche, dass ihm »Investoren und Geschäftspartner ... wegen diverser dubioser Deals in den USA an den Kragen« wollten. Der Wert seiner Anlagefirma ACM hat um 95 an Kurswert verloren und ist zu einem Penny Stock geworden.

Die wirklichen Gründe seines Rückzugs sind jedoch weiterhin nebulös. Die WirtschaftsWoche spekuliert, dass ihn vielleicht ein Raubüberfall in Caracas aus der Bahn geworfen hat, »bei dem er – angeblich von Straßenräubern – nah am Herzen verletzt wurde. Auch die Scheidung von seiner Frau, der Schwester seines Ex-Partners Kevin Devine, soll eine Rolle gespielt haben. Danach soll er sie mit Aktien von Absolute Capital Management AG (ACM) ausgezahlt und dann – aus Rache – deren Absturz provoziert haben. Vor allem wollte er wohl gehen, bevor sein vielfach nur von Scheingewinnen gestütztes Kurs-Kartenhaus zusammenbrechen würde.«[58]

Das Problem der Eigenkapitalquote des Mittelstandes

Die Finanzierungssituation des Mittelstandes insgesamt stellt sich nach wie vor problematisch dar. Immer noch, so Creditreform, ist nur gut jedes fünfte mittelständische Unternehmen in Deutschland ausreichend mit Eigenkapital versorgt.

Obwohl diese Situation in beinahe allen industrialisierten Ländern die gleiche ist, gibt es aus der Geschichte der wirtschaftlichen Entwicklung unterschiedliche Gründe dafür.

In Deutschland zum Beispiel konnte der Mittelstand nach dem Ende des Zweiten Weltkrieges keine starke Eigenkapitalbasis darstellen, weil schlichtweg kein Geld da war. Diese Lücke wurde damals über Jahre hinweg durch die Banken abgedeckt, zum Teil mit ausländischer Hilfe. Danach, in den kommenden Jahrzehnten, wurden die erarbeiteten Mittel den Unternehmen wieder durch extrem hohe Einkommenssteuerbelastungen weggenommen. Dies hat sich in Deutschland bis heute nicht geändert. Wie kaum ein anderes Land versteht es die deutsche Politik immer wieder, neue Steuern und Abgaben zu erfinden. In der Regel passiert dies mittels einer Übergangsregelung, wie z.B. der Solidaritätsbeitrag, kurz Soli genannt. Nach einigen Jahren wird dann die Spezialsituation zur Regel, zur neuen Gesetzesnorm. Bezüglich Steuerbelastung ist es in Deutschland daher völlig unerheblich, welche Partei den Kanzler stellt. Die Steuern waren, sind und bleiben offensichtlich hoch. Dies nenne ich den deutschen Weg des Masochismus.

Das ist dann wohl auch der Grund, warum gerade in Deutschland die Zahl der Steuerdefraudanten, der Steuerflüchtlinge, permanent steigt. Hartes Arbeiten und Erfolg, vor allem im Mittelstand gut sichtbar, wird in der deutschen »Neidgesellschaft« mit einer in Europa einmaligen Brutalität und Härte bestraft.

Darum ist es nachvollziehbar, dass der amtierende deutsche Finanzminister seit geraumer Zeit, in allerdings eher undiplomatischer Art, versucht, Druck auf sogenannte »Steueroasen« zu machen. Die Motivation liegt aber wohl mehr am desolaten deutschen Finanzhaushalt als am Wunsch einer international angepassten Steuerharmonisierung.

In diesem Zusammenhang lohnt sich ein Blick auf die Darstellung betreffend der Entwicklung der Staatsverschuldung der größten Volkswirtschaft Europas, Deutschland (Abbildung 12 und Tabelle 12).

158 Wer vernichtet den Mittelstand und die Arbeitsplätze?

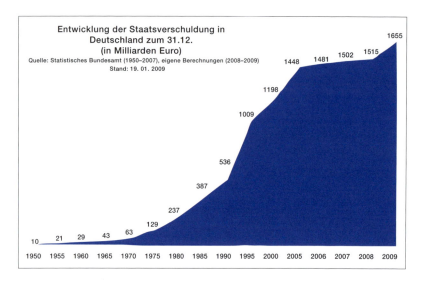

Abbildung 12: Entwicklung der Staatsverschuldung in Deutschland

Jahr	Bruttokredit-aufnahme*	Nettokredit-aufnahme	Staatsver-schuldung	Defizitquote
		in Mrd. Euro		in % des BIP
1998	120,4	32,7	1153	2,2
1999	150,3	31,7	1183	1,5
2000	132,4	19,8	1198	-1,3
2001	134,1	6,5	1204	2,8
2002	179,1	51,7	1253	3,5
2003	223,5	62,9	1326	4,0
2004	241,2	61,7	1395	3,7
2005	259,8	31,2	1448	3,3
2006	261,0	27,9	1481	1,7
2007	270,5	19,6	1502	-0,3
2008	283,2	10,5	1549	0,1
2009**	320,0[59]	50,0[60]	1655[61]	3,53[3]

Quelle: Statistisches Bundesamt Deutschland

* Bruttokreditaufnahme nur für den Bund   ** Schätzung

Tabelle 12: Kreditaufnahme, Staatsverschuldung und Defizitquote in Deutschland

Die Finanzierungssituation im Mittelstand

Sind wir doch ehrlich, ist es nicht jämmerlich und beängstigend zugleich, welches Bild die große, europäische Wirtschaftsnation Deutschland hier abgibt?

Ist dies nicht eine Bankrotterklärung der deutschen Politik, und dies schon über Jahrzehnte hinweg?

Was alles muten die deutschen Politiker ihren Folgegenerationen noch an Schulden und Bürden zu?

Zurück zur Kapitalsituation mittelständischer Unternehmen.

Als unterkapitalisiert gelten Unternehmen, die weniger als zehn Prozent Eigenkapital im Verhältnis zur Bilanzsumme aufweisen. Diese Unternehmen haben sich 2006 im Gegensatz zum Vorjahr um 7,3 Prozentpunkte auf 29,3 % verringert, 2007 und 2008 jedoch wieder leicht erhöht. Gegenüber 2003 fiel die Verringerung sogar um 8,4 Prozentpunkte aus. Dies zeigt die folgende Tabelle 13:

Eigenkapital im Verhältnis zur Bilanzsumme	2008	2007	2006	2005	2004	2003
bis 10 %	30,3	31,6	29,3 %	36,6 %	31,4 %	37,7 %
bis 20 %	28,4	25,0	30,3 %	26,0 %	30,5 %	27,0 %
bis 30 %	17,4	18,4	18,4 %	15,2 %	16,4 %	17,7 %
über 30 %	23,9	25,0	22,1 %	22,2 %	21,7 %	17,7 %

Quelle: Creditreform, 2008, 2006, 2004

Tabelle 13: Eigenkapitalausstattung des Mittelstandes

Es scheint sich also schon einiges zu bessern, wenngleich der Gipfel 2006/2007 überschritten worden ist. Der Trend der günstigen Entwicklung ist schon wieder im Sinken begriffen.

Als ausreichend kapitalisiert gelten Unternehmen, die mehr als dreißig Prozent Eigenkapital im Verhältnis zur Bilanzsumme aufweisen. Der Anteil dieser Unternehmen hat sich von 2005 auf 2006 nicht wesentlich vergrößert. Immerhin aber stieg der Anteil gegenüber 2004 um 0,4 Prozentpunkte und gegenüber 2003 um

4,4 Prozentpunkte. Dies könnte ein leichter Trend sein. Jedoch ist der Gipfel wohl auch 2007 mit 25 % des Mittelstandes erreicht worden, denn im ersten Halbjahr 2008 sank der Anteil der gut kapitalisierten Mittelständler auf 23,9 Prozent.

Allerdings steht der Frage, ob dreißig Prozent oder vierzig Prozent gut kapitalisiert sind, die Erkenntnis gegenüber, dass sechzig Prozent oder mehr mittelständische Unternehmen nicht zu den ausreichend kapitalisierten mittelständischen Unternehmen gehören.

Gerade Familienunternehmen, die einen wesentlichen Anteil im Mittelstand ausmachen, nutzen die verschiedenen Finanzierungsinstrumente sehr konservativ. So nutzen sie kaum Instrumente wie Mezzanine-Kapital oder Private Equity.

Dies zeigt zum Beispiel Abbildung 13. Hier ist dargestellt, welche Bedeutung verschiedene Finanzierungsmöglichkeiten für den Mittelstand im Jahr 2002 noch hatten. Dabei nimmt die Selbstfinanzierung sogar mit 73 Prozent den unangefochtenen Spitzenplatz ein:

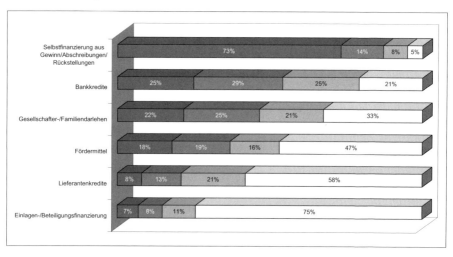

Quelle: Wallau, F. (2002): Finanzierung des Mittelstands, Vortrag anlässlich des Kongresses »Basel II – Herausforderungen für den Mittelstand« der Fachhochschule der Wirtschaft, Bergisch Gladbach, am 7. November 2002.

Abbildung 13: Bedeutung verschiedener Finanzierungsmöglichkeiten

Für 2007 ergab eine Studie des *Center for Entrepreneurial and Financial Studies* (CEFS) der Technischen Universität München mit dem Beratungsunternehmen *Droege & Comp. Financial Advisors* und in Zusammenarbeit mit dem Unternehmerforum *Alpha-Zirkel,* dass fast die Hälfte der befragten Familienunternehmen einer Finanzierung aus eigenen Mitteln den Vorzug gibt. 35 Prozent setzen auf eine Kombination aus Eigen- und Fremdmitteln.

Nicht traditionelle Finanzierungsinstrumente wie privates Beteiligungskapital, Anleihen, Genussrechte und -scheine sowie Börsenkapital spielen hingegen eine untergeordnete Rolle. Dabei könnte ein Wechsel bei der Nutzung der Finanzierungsinstrumente viel finanziellen Handlungsspielraum bringen.

Die Einsicht ist bei vielen Mittelständlern gegeben, da bin ich mir sicher, doch liegt das Problem wohl im psychologischen Bereich.

Viele Mittelständler befinden sich betreffend Eigenkapital in einem permanenten Zwiespalt. Sie haben genügend Eigenkapital, um das Geschäft erhalten zu können, aber zu wenig, um das notwendige Wachstum zu finanzieren. Die Fremdmittel können nicht mehr so einfach von den Banken abgefordert werden. Alternative Partner im Bereich Eigenkapital stellen Bedingungen, die für den Patron nur schwer zu schlucken sind, so z.B. Mitbestimmung etc.

Die finanziellen Ressourcen bilden meist einen Engpass, dessen Beseitigung oder zumindest Abmilderung von ausschlaggebender Bedeutung für den Unternehmenserfolg überhaupt ist. Dort müssen vielfach externe Kapitalgeber einspringen. Dies ist nicht nur im Sinne des Unternehmers selbst, sondern liegt auch im öffentlichen Interesse. Darum ist dies auch Gegenstand der Innovations- und Technologiepolitik eines Staates, der innovationsfördernde Rahmenbedingungen schaffen und finanzielle Förderinstrumente bereitstellen muss.

Gerade bei kleinen und mittleren Unternehmen fehlt es zumeist an erster Stelle am Faktor Finanzausstattung. Und so ergibt sich das Problem von unzureichendem Eigenkapital, das gerade in der Eingangsphase von Innovationen zu Liquiditätsproblemen führt. Dies gestaltet sich dann so, dass immer wieder auftretende unvorhergesehene Liquiditätsprobleme durch ungeplante Ausgaben auftreten und dass dadurch auch notwendige Folgeinvestitionen nicht getätigt werden können. Die Vernachlässigung der Finanzierungsseite führt nicht selten zur Schieflage.

Die Unternehmung kann in eine finanzielle Schieflage geraten, sie kann aber auch – wegen mangelnder Finanzierung von Ersatzinvestitionen – in eine technologische Schieflage kommen. Die finanzielle folgt dann in der Regel einige Jahre später, ganz automatisch und sicher.

Dabei kann als eine der Ursachen besonders das Problem auftreten, dass die Finanzierungsaufgaben häufig nicht bereits in der Planungsphase oder spätestens bei der Projektplanung berücksichtigt werden. Sie werden erst dann wahrgenommen, wenn akute Finanzierungsprobleme bereits vorliegen. Das Kind ist dann also schon »ins Wasser gefallen«.

Bei Innovationen wird oftmals versäumt, den Aufwand für Zeit, Personal, Sachmittel und finanzielle Ressourcen hinreichend im Voraus zu klären. Die dann auftretenden Lücken zwischen Soll und Ist führen zu erneuten Finanzierungslücken.

Schließlich werden häufig die Markteinführungskosten unterschätzt und erst zu spät in das Finanzierungskonzept eingebunden.

Diese Mängel in der Planung der Finanzierung könnten schon im Voraus umgangen werden. Eine gute Zusammenarbeit mit den Banken wäre wünschenswert. Es sollte alles dafür getan werden, um Finanzierungsprobleme erst gar nicht auftreten zu lassen. Dies kann gewährleistet werden, indem diese Problembereiche rechtzeitig in der Planung berücksichtigt werden.

Nur, wir wissen es, dies ist oftmals reines Wunschdenken.

Ein Problem der mittelständischen Unternehmen ist oftmals

auch, dass ihnen der Zugang zu Fremdkapital verwehrt wird. Hier stehen die Banken in der Kritik. Obwohl dem Mittelstand zahlreiche öffentliche Fördermittel in Kombination mit Bankkrediten prinzipiell zur Verfügung stehen, muss der Zugang durch die Banken erst geschaffen werden.

Gerade aber kleine und mittlere Unternehmen haben niedrige Eigenkapitalquoten, sodass ihnen vielfach eine entsprechende Finanzierung verwehrt bleibt.

Dies liegt daran, dass Banken von den mittelständischen Unternehmen, die eine Finanzierung beantragen, mehr Informationen, mehr Sicherheiten und mehr Eigenkapital für eine positive Kreditentscheidung verlangen. Ein knappes Drittel der mittelständischen Unternehmen verfügt heute über weniger als zehn Prozent Eigenkapital und ist damit klar unterkapitalisiert.

Nach einer Unternehmensbefragung der KfW-Mittelstandsbank vom Herbst 2003 stehen etwa 43 % der Mittelständler einem unzureichenden Kreditzugang gegenüber. Davon hat wiederum ein Drittel kaum die Möglichkeit, überhaupt jemals an Finanzierungsquellen zu kommen.[62]

Allerdings hat sich diese Situation seit 2002 kontinuierlich verbessert. Wie Abbildung 14 zeigt, ist die Zahl der unterkapitalisierten Betriebe seit dem Jahr 2003 kontinuierlich und deutlich rückläufig. 2002 noch waren 41,2 Prozent der befragten Unternehmen völlig unzureichend mit Eigenkapital versorgt. Seitdem sinkt diese Zahl, während die Anzahl der ausreichend mit Eigenkapital ausgestatteten Unternehmen im Steigen begriffen ist:

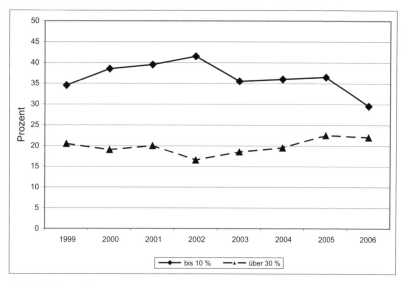

Quelle: Creditreform, 2006, S. 21

Abbildung 14: Eigenkapitalausstattung des Mittelstandes in Deutschland 1999–2006

Dennoch wäre es auch weiterhin erforderlich, gerade die unterkapitalisierten Unternehmen verstärkt in den Fokus der Mittelstandspolitik zu nehmen und auf bestimmte Finanzierungsmodelle zurückzugreifen, die dort im Bereich der Finanzierung Abhilfe schaffen können. Im folgenden Abschnitt wird dies eingehender gezeigt.

Die Rolle der Banken

Grundsätzlich hätten die Banken auch heute noch dieselbe volkswirtschaftliche Funktion wie früher: der Wirtschaft die finanziellen Mittel bereitzuhalten. Die Realität ist jedoch leider eine ganz andere.

Ein Blick zurück in die Geschichte.

Banken wurden von den Wirtschaftsteilnehmern ins Leben gerufen, um verzinsliches Geld entgegenzunehmen, um es den Wirtschaftsteilnehmern in Form von verzinslichen Krediten wieder zur Verfügung zu stellen. Nur so können die Unternehmun-

Die Finanzierungssituation im Mittelstand

gen mit der notwendigen Liquidität ausgestattet werden. Nur so kann die Wirtschaft wachsen und nur so kann Wohlstand geschaffen werden.

Um großen wie auch kleinen Kunden, Unternehmungen wie auch Privatpersonen zu dienen, wurden entsprechend lokal, regional und national tätige Banken gegründet. Es wurden Banken auf privater Basis wie auch staatliche Kreditinstitute ins Leben gerufen, dies immer mit dem Ziel, der Wirtschaft und somit diesem Zweck zu dienen. Die Kreditvergabe als Unternehmenszweck stand immer an oberster Stelle.

Tabelle 14 auf der folgenden Seite zeigt die 10 größten Banken in Deutschland. Die Größe misst sich an der jeweiligen Bilanzsumme. Man sieht, dass die *Deutsche Bank* mit 2,2 Billionen Euro Bilanzsumme die mit Abstand größte Bank ist, gefolgt von der Commerzbank. Die Übernahme der Dresdner Bank erfolgte erst im Januar 2009 und ist hier noch nicht mit berücksichtigt. Dadurch wächst die *Commerzbank* nun auf mehr als eine Billion Euro.

Was bringen solche Übernahmen?

Bisher gehörte die *Dresdner Bank* dem Versicherungskonzern *Allianz* an. Der hatte sie Mitte 2001 für die unvorstellbare Summe von rund 24 Milliarden Euro gekauft.

Letztlich ein Flop für die *Allianz*. Denn die *Dresdner Bank* entwickelte sich alles andere als profitabel.

Mit der Finanzkrise seit 2007 hat sich die Lage noch zugespitzt, sodass die *Dresdner Bank* Milliardenverluste ihrer Investment-Tochter *Dresdner Kleinwort* einfuhr.

Kreditinstitute	Bilanzsumme Millionen Euro		Gewinn Millionen Euro		Beschäftigte	
	2008	2007	2008	2007	2008	2007
Deutsche Bank	2.202.423	1.925.003	-3.896	6.510	80.456	78.291
Commerzbank	625.200	616.500	3	1.917	43.169	36.767
HypoVereinsbank	458.602	422.129	-671	2.050	24.638	24.784
DZ Bank Konzern	427.100	431.300	-1.472	1.068		24.210
Dresdner Bank	420.961	500.209	-6.297	410	23.295	26.309
Landesbank Baden-Württemberg (LBBW)	-*	443.400	-*	311	-*	12.303
Bayerische Landesbank Girozentrale (Bayern LB)	-*	415.639	-*	255	-*	19.226
Hypo Real Estate Holding	-*	400.200	-*	457	-*	2.000
KfW Bankengruppe	395.000	354.000	-2.657	-6.168	3.352	3.571
WestLB	288.100	287.400	18	-1.597	-*	6.477

Quelle: eigene Berechnungen aufgrund der Geschäftsberichte der Institute
* noch nicht verfügbar
Tabelle 14: Die größten Banken in Deutschland

Nun kauft also die *Commerzbank* die *Dresdner Bank* für 9,8 Milliarden Euro. Dieses Geschäft wird der *Allianz*, wie das *Handelsblatt* berichtet, am Ende einen dreistelligen Millionenverlust bringen. Man sagt, dass der Verkauf die *Allianz* unterm Strich rund 700 Millionen Euro Abschreibungen kostet.

Abschreibungen. Gut für die Steuerbilanz der *Allianz*. Schlecht für uns alle. Wir alle sind nämlich daran beteiligt – auf der Kostenseite natürlich, denn Abschreibungen sind Steuerausfälle.

Doch noch nicht genug. Natürlich sind auch – wie sollte es anders sein – Arbeitsplätze in Gefahr. Zusammen haben *Dresdner Bank* und *Commerzbank* rund 67.000 Beschäftigte. Davon sollen in den nächsten Jahren rund 9000 Stellen wegfallen, davon wiederum rund 6500 in Deutschland.

Auch die Anzahl der 1900 Filialen der beiden Banken soll auf rund 1200 reduziert werden. Dies wiederum betrifft die Kunden direkt.

Den für die Allgemeinheit einzigen positiven Effekt sieht das arbeitgebernahe *Institut der deutschen Wirtschaft* (IW), das nun vor allem für Firmenkunden und damit den Mittelstand mit günstigeren Krediten rechnet.

Doch weiter zum Bankengeschäft. Es soll ja der Allgemeinheit dienen. Die Sparten Vermögensverwaltung, Wertschriftenhandel, die Geldwechselgeschäfte, Geldüberweisungen, Akkreditivgeschäfte und vieles mehr wurden mit der Zeit als erweiterte Dienstleistungen für den Kunden angeboten. Das Hauptgeschäft blieb aber immer die Geldversorgung der Wirtschaftssubjekte, also der Kunden, der Unternehmen.

Dies war und ist auch heute noch absolut lebensnotwendig für eine funktionierende Volkswirtschaft. Die Gier der Leute, sprich: der Aktionäre und Manager, sowie neue Regulierungen (Basel II) haben aber die Bankenlandschaft während der letzten Jahre völlig verändert.

Die großen Kreditbanken wurden zu sogenannten Universalbanken. Diese wiederum haben sich, wie die Übernahme der *Dresdner Bank* durch die *Commerzbank* beispielhaft zeigt, gegenseitig aufgekauft. Einziges Ziel dieser Transaktionen: die eigene Rentabilität zu steigern. Einen eigentlichen Wettbewerb im Kreditwesen gibt es heute kaum noch.

Dies spürt vor allem der Mittelstand. Die Großkonzerne können sich immer irgendwie arrangieren, innerhalb und außerhalb des CLUBs.

Das Wort Universalbank – Anbieten von grenzüberschreitenden Dienstleistungen – versteht sich heute nur noch als Zynismus gegenüber dem Kunden.

Auch hier trifft es wiederum vor allem den mittelständischen Unternehmer. Banken offerieren nur noch die profitabelsten Dienstleistungen wie Vermögensverwaltung und Investmentbanking, selbstredend vor allem innerhalb des CLUBs.

Zu diesen Aktivitäten gehören auch hochspekulative Eigengeschäfte, die zwar volkswirtschaftlich völlig sinnlos sind, von denen die Mitglieder im CLUB jedoch vortrefflich profitieren können. Die Bilanzen der Großbanken zeigen dies immer wieder, obwohl die Bankbuchhalter alles versuchen, dies nicht so offen zeigen zu müssen.

Konkret heißt dies, dass das den Banken anvertraute Geld von Kleinsparern, kleinen und mittelgroßen Unternehmungen vielerorts nicht mehr in Form von Krediten den Kunden zur Verfügung gestellt wird. Es wird vielmehr volkswirtschaftlich unsinnig für die eigene Geldvermehrung verwendet. Der CLUB muss ja auch leben.

Ein typisches Beispiel ist die *Deutsche Bank*, bei der kreditpolitisch alles umgestoßen wird, nur um eine Eigenkapitalrendite von 25 % erzielen zu können.

Die Analyse der Jahresrechnung der *Deutschen Bank* zeigt deutlich, dass durch eine nur leicht reduzierte Eigenkapitalrendite und eine veränderte Kredit- respektive Anlagepolitik der Bank mehrere 10.000 Unternehmungen mit notwendigen Neu- oder Zusatzkrediten versorgt werden könnten. Die damit verbundenen volkswirtschaftlichen Impulse sind unschwer zu erkennen.

Die *Deutsche Bank* ist aber nur ein einziges Finanzunternehmen, also ein Beispiel. Weltweit gäbe es Tausende von Beispielen mit denselben Effekten.

Man kann ahnen, dass hier fantastische Marktmöglichkeiten für kleinere regionale Banken als Nischenspieler offenstehen. Aber – weit gefehlt: Die dazu notwendigen Refinanzierungsmittel für diese Nischenspieler werden in ausreichendem Maße weder von den Großbanken noch von den Staatsbanken sichergestellt.

Durch die Auflagen von Basel II wurde die Kreditvergabe – vor allem für mittelständische Unternehmen – weltweit derartig erschwert, dass Hunderttausenden von Unternehmen und Millionen von Arbeitnehmern die Existenzgrundlage genommen wurde.

Dazu will ich natürlich einräumen, dass viele Insolvenzen von Unternehmungen auch aus ganz anderen Gründen verursacht werden.

Es gilt darauf hinzuweisen, dass viel Unternehmungen auch nicht kreditwürdig sind und zu Recht keine Kredite erhalten. Ich bin der Meinung, dass jeder Unternehmer und jedes Geschäftsmodell sich grundsätzlich die Kreditwürdigkeit erarbeiten muss. Bei einem noch jungen Geschäftsmodell geht es vor allem darum, dass den Kreditgebern die Plausibilität des erhofften Erfolges dargestellt werden muss. Wenn dies nicht gelingt, wird es schwierig.

In diesem Zusammenhang möchte ich auch auf die Thematik der sogenannten Start-up-Finanzierung eingehen. Dies bedeutet für den Geldgeber immer ein großes Risiko. Für solche Finanzierungen kommen Banken, zu Recht, nicht in Frage. Dies ist Sache von spezialisierten Risiko-Finanzierern (engl.: Venture-Capitalist).

Leider können viele Mittelständler hier den notwendigen Unterschied nicht machen. Banken werden in diesem Zusammenhang oftmals zu Unrecht kritisiert. Selbstredend gilt dasselbe auch für die Kreditverweigerung vieler »Traum«- respektive »Luftprojekte«. Oftmals von den handelnden Akteuren gut gemeint, wirtschaftlich jedoch hoffnungslos.

Ein wesentlicher Grund von Krediten jedoch ist die Möglichkeit der mittelständischen Unternehmen, Durststrecken finanziell zu überstehen, um danach umso stärker wieder zu wachsen. Das Potenzial ist da.

Doch zu knappe Finanzmittel im konjunkturellen Niedergang

trocknen viele der Unternehmen aus, sodass sie zum Insolvenzrichter gehen müssen oder sang- und klanglos ihr Unternehmen liquidieren.

In einem der weltweit bekanntesten Bankenzentren, der Schweiz, gab es vor Jahren noch rund zwei Dutzend unabhängiger Kreditbanken. Heute sind es praktisch noch zwei von einer gewissen Größenordnung, nämlich die UBS und die Credit Suisse (CS). Beides sind Großkonzerne, die ihr Geld weltweit vor allem mit Investmentbanking und Vermögensverwaltung verdienen, natürlich vorwiegend im CLUB.

Dennoch, der *Tages-Anzeiger* vom 29. Mai 2006 meldete, dass CS und UBS in den nächsten zwei Jahren wohl ein Viertel der ordentlichen Steuererträge der Stadt Zürich zahlen werden. Sie kommen in den Jahren 2007 und 2008 für die Hälfte der Unternehmenssteuern auf. »Wer die Banken kritisiere, etwa wenn sie eine Baubewilligung wollten oder hohe Gewinne erzielten, der müsse auch sehen, was sie der Stadt brächten.« So der Tages-Anzeiger.

Dies bedeutet für die Stadt Zürich allerdings auch, dass sie grundsätzlich von den Banken »auf Gedeih und Verderb« abhängig ist.

Bei Kreditanträgen in einem Betrag unter einer Million Euro werden Sie als Antragsteller entweder gar nicht oder bestenfalls vom Lehrling empfangen, sicher aber als Kunde nicht ernst genommen. Sollten Sie bei diesen beiden Instituten den Fehler machen, als Neukunde mit weniger als einer Million Euro aufwarten zu wollen, passiert Ihnen genau das Gleiche. Warum?

Die Arroganz des Geldes. Mitglieder des CLUBs kennen das Wort Million nicht, nur noch das Wort Milliarde ist gefragt, morgen werden es wohl Billionen und Trilliarden sein.

Falls Sie verständlicherweise etwas Mühe haben mit diesen Begriffen, so schauen Sie einmal die Tabelle in den Anmerkungen an (S. 227).

Ich habe diese angefertigt, um auch mir selber etwas zu helfen, um mit den immer weiter steigenden »Nullen« zurechtzukommen.

Nun wissen wir natürlich, dass sich die Situation innerhalb eines Jahres drastisch geändert hat. Trotzdem bleiben beide Schweizer Großbanken wichtige Faktoren in der Finanzwelt wie auch in der Schweizer Volkswirtschaft.

Im Jahre 2009 darf man sich aber wohl fragen, ob sich bei den beiden Banken – außer den ausbleibenden Steuerzahlungen und der geschwächten Eigenkapitalbasis – wirklich etwas geändert hat.

Ich meine schon.

Einige Topmanager der UBS wurden gebeten, ihren Rücktritt zu erklären, der CLUB hat aber wieder für Nachschub gesorgt.

Es gibt wohl niemanden, der die bisherige Führung der UBS nicht absetzen wollte. Zu stark wiegt der Vertrauensverlust in die Herren Kurer, Ospel, Rohner & Co., sind sie doch verantwortlich für die größten Verluste der UBS seit Bestehen der Bank und gleichzeitig die größten Verluste, die je ein Unternehmen in der Schweiz zu verzeichnen hatte.

Alles Herren, die über Jahre hinweg das fatale System der Abzocke und gleichzeitiger Selbstbereicherung zementiert haben. Nun, dies ist Geschichte.

Der gesunde Menschenverstand allein schon ließe vermuten, dass ein Neuanfang nun mit Persönlichkeiten gemacht wird, welche diesbezüglich unbelastet sind.

Würde man meinen, aber weit gefehlt! Der CLUB funktioniert ganz anders.

Als neuen CEO der UBS hat der CLUB den bekannten und erfahrenen Ex-Credit-Suisse-Kadermann, Oswald Grübel, nominiert. Wohlverstanden, ein kompetenter Banker. Oswald Grübel war über Jahre hinweg in der Schweiz das Sinnbild des CLUB-Bankers, der mit Tausenden von CLUB-Mitgliedern die heutige Krise mit zu verantworten hat.

Als designierter Chairman der UBS wurde kürzlich der ehemalige Schweizer Bundesrat (Minister), Kaspar Villiger, nominiert.

In einer breiten Öffentlichkeit ist Villiger vor allem als zaudernder und zögernden Politiker bekannt.

So hat Villiger u. a. durch Nichthandeln und Zögern, zusammen mit den damaligen UBS-Managern, einen aktiven, unrühmlichen Beitrag zum Kollaps der Swissair-Luftfahrgesellschaft geleistet. Ein Fiasko, das der Schweizerischen Volkswirtschaft anfang dieses Jahrzehnts einen großen Schaden zugeführt hat.

In seiner ersten Pressekonferenz als designierter UBS-Mann ist aufgefallen, dass sich Villiger in seiner neuen Rolle als UBS-Mann vor allem Sorgen um seinen guten Ruf macht.

Sie haben richtig gelesen, sein Ruf scheint ihm wichtiger zu sein als das Wohlergehen der Bank, der Angestellten, der Volkswirtschaft.

Es wäre wohl eher angebracht gewesen, dass Villiger sich Sorgen um seinen guten Ruf gemacht hätte, als er als Verwaltungsrat der Schweizerischen Rückversicherungsgesellschaft mitentschied, dass Geldanlagen seiner Gesellschaft während der letzten Jahre vermehrt für spekulative Anlagen im CLUB verwendet wurden als für das angestammte Rückversicherungsgeschäft.

Es ist wohl unnötig zu sagen, dass diese Anlagen der Gesellschaft riesige Verluste eingebracht haben.

Villiger ist wie Grübel mehr als vorbelastet.

Liebe Leserinnen und Leser, merken Sie nun, wie der CLUB funktioniert?

Glauben Sie wirklich, dass sich trotz der äußerst schmerzhaften Erfahrungen der Finanzkrise und der daraus resultierenden Weltwirtschaftskrise wirklich etwas verändert?

Was sich aber verändert hat, ist die Angst der Kreditbanker, d. h. der Bankmitarbeiter, die in den Kreditabteilungen tätig sind. Diejenigen, die ihren Job nicht verloren haben, beschäftigen sich nun mehrheitlich damit, ja keine Fehler zu machen. Sie können sich also vorstellen, wie fruchtbar heute Besprechungen mit Bankern für Neukredite sind, mindestens bei diesen Großbanken, und bei Kreditanfragen kleinerer und mittlerer Unternehmen.

Die Rolle der Versicherungskonzerne

Eine ähnliche Situation wie bei den Bankkonzernen ist auch bei den weltweit tätigen Versicherungskonzernen festzustellen, unabhängig davon, ob es sich um Lebensversicherer, Sachversicherer oder Rückversicherer handelt.

Die Fusionswelle hat auch hier dazu geführt, dass der Wettbewerb für kleinere und mittlere Policenhalter nur noch bedingt spielt.

Die Gewinne der Versicherungskonzerne sind in absoluten wie auch in relativen Zahlen gesehen enorm, und dies schon seit Jahrzehnten. Die Eigenkapitalrendite ist wie bei den großen Bankkonzernen überdurchschnittlich, wäre nicht die Finanzkrise gekommen.

Um die Problematik sachbezogen und transparent darstellen zu können, verbleibe ich in den folgenden Überlegungen noch in der Zeit vor der Krise, also bis Mitte 2008.

Die Jahresrechnungen verschiedener Versicherungskonzerne zeigen, dass die beiden Sparten Prämiengeschäft und Finanzen für diese guten Zahlen verantwortlich sind. Unter Prämiengeschäft versteht man die Prämieneinnahmen abzüglich Schadenszahlungen.

Von der Tatsache, dass das Prämiengeschäft allein schon für die Konzerne überdurchschnittliche Renditen abwirft, muss abgeleitet werden, dass die vom Versicherungsnehmer, also von den Kunden, zu bezahlenden Prämien viel zu hoch sind.

Fast jeder Mensch, fast jede Sache und fast jede Unternehmung ist versichert. Die überteuerten Versicherungsprämien treffen uns alle. Dies allein wäre volkswirtschaftlich nicht schlimm, wenn diese Übergewinne auch wieder in den Kreislauf zurückfließen würden. Aber das tun sie nicht. Sie fließen in den CLUB.

So verzeichnet etwa der *Allianz*-Versicherungskonzern für das

Jahr 2006 ein Ergebnis vor Ertragsteuern und Anteilen anderer Gesellschafter am Ergebnis in Höhe von mehr als sieben Milliarden Euro. Obwohl der Umsatz des Konzerns gegenüber dem Vorjahr nur um 0,2 % stieg, wuchs dieses Ergebnis um sage und schreibe mehr als 60 % gegenüber dem Vorjahr.

Als Finanzanlagen verzeichnet der Geschäftsabschluss von 2006 knapp 300 Milliarden Euro.

Davon spricht auch die folgende Tabelle 15. Allen voran schreitet die *Allianz* mit mehr als hundert Milliarden Euro Prämieneinnahmen im Jahr 2005. In diesem Jahr war der Gewinn von 4,3 Milliarden Euro noch vergleichsweise bescheiden. Aber immerhin: Die Gewinnsteigerung seit 2004 betrug 93,3 Prozent.

Die Finanzierungssituation im Mittelstand 175

Rang	Versicherungs- unternehmen	Beitragseinnahmen 2005		Gewinn 2005		Beschäftigte
		Millionen Euro	Veränderung in %	Millionen Euro	Veränderung in %	
1	Allianz-Gruppe	100.897	4,2	4.380	93,3	177.625
2	Münchner-Rück-Gruppe	38.199	0,3	2.671	45,7	37.953
3	Talanx	15.418	10,1	245	-47,9	10.402
4	AMB-Generali-Gruppe	12.815	6,1	315	52,2	18.411
5	R+V-Versicherungsgruppe	8.466	1,9	137	61,2	11.360
6	Debeka-Gruppe	6.717	7,1	139	9,9	14.159
7	Axa-Konzern	6.402	1,5	356	535,7	8.188
8	Zurich-Gruppe Deutschland	6.228	1,9	217	13,0	5.792
9	Versicherungskammer Bayern	5.434	3,2	90	20,0	6.388
10	HUK-Coburg-Versicherungsgruppe	4.732	2,8	443	91,3	8.809
11	Signal-Iduna-Gruppe	4.613	0,9	81	17,2	8.508
12	Gerling-Beteiligungs-GmbH	4.561	5,4	158	12,1	6.423
13	Gothaer Konzern	3.809	-6,3	103	27,8	6.014
14	DBV-Winterthur-Gruppe	3.668	3,5	138	70,4	4.742
15	Provinzial-Nord-West-Konzern	3.088	-0,1	147	126,2	3.496
16	Wüstenrot & Württembergische Konzern	3.035	-2,7	89	17,1	11.000

Quelle: Süddeutsche Zeitung vom 26. Juli 2006, Nr. 170, S. 19

Tabelle 15: Die größten Versicherungsunternehmen in Deutschland

Nebst der Nahrungsmittelindustrie sind praktisch alle Menschen der industrialisierten Welt persönlich und täglich verbunden mit der Welt der Banken und eben auch mit der Versicherungsbranche.

Dazu kommt, dass die Geschäftsbeziehung zwischen den Bürgern und den Versicherungskonzernen ja nicht wirklich freiwillig ist.

Ein Bürger kann es sich für sich und für seine Familienmitglieder kaum leisten, heutzutage nicht versichert zu sein. Dazu kommt auch, dass der Bürger grundsätzlich wohl die Versicherungsgesellschaft frei auswählen kann, was immer er aber auch auswählt, es handelt sich immer um einen Konzern. Somit besteht ein »gezwungenes und somit unnatürliches Verhältnis« zwischen Geschäftspartnern. Eigentlich kann man dann auch gar nicht mehr von Partnerschaften sprechen. Es ist wohl mehr ein Verhältnis zwischen einfachem Bürger und einer unübersichtlichen Finanzmacht, genannt Versicherungsgesellschaft. Die Namen der Versicherungsgesellschaften spielen eh keine Rolle, da der freie Markt in der Prämienbelastung nicht wirklich spielt. Die Kartellbehörden, auch das zuständige Amt in der EU, finden immer wieder Erklärungen, warum der Markt funktioniert, nur der Prämienzahler merkt nichts davon.

Eigentlich ist dies aber nicht überraschend, oder? Die Versicherungskonzerne sind nicht nur führende CLUB-Mitglieder, sie spielen – zugegebenerweise – auch eine enorm wichtige Rolle in der Volkswirtschaft. Somit kann sich eine EU-Behörde auch gar nicht richtig durchsetzen, die Lobbyisten sorgen dafür.

Entsprechend ist es nur logisch und verständlich, dass das Verhalten der Versicherungskonzerne im Hinblick auf die Auswirkungen in den jeweiligen Volkswirtschaften eine nähere Betrachtung rechtfertigt.

Das Resultat ist allerdings mehr als ernüchternd.

Die Finanzkraft der Versicherungskonzerne ist so enorm, dass die betroffenen Gesellschaften nicht nur im Versicherungsge-

Die Finanzierungssituation im Mittelstand 177

schäft tätig sind, sondern auch als Bank fungieren. Wenn sie die publizierten Konzernbilanzen näher prüfen, so ist es ein Leichtes, festzustellen, dass die Finanzerträge außerhalb der Volkswirtschaft – also im CLUB – fast größer sind als die Versicherungsgeschäfte.

Entsprechend ist es auch nicht überraschend, dass die wirtschaftliche Verknüpfung der Banken mit den Versicherungskonzernen groß ist.

Folgend einige Beispiele:

– Die **Deutsche Bank** hält noch eine Beteiligung in Höhe von 4,1 % an der Allianz AG. In den vergangenen Jahren hat die Deutsche Bank jedoch viele ihrer Beteiligungen an Versicherungskonzernen abgegeben, u.a. die an der Gerling-Konzern Versicherungs-Beteiligungs-AG.

– Die **Commerzbank** gehört zu 14 % der Allianz, zu 8,8 % der Assicurazioni Generali S.p.A. Ihrerseits hält sie zu 100 % die Allianz Dresdner Bauspar AG als Erbe der Anfang 2009 einverleibten Dresdner Bank.

– Die **DZ Bank** hält eine 74-prozentige Beteiligung an der R+V Versicherung AG, die außerdem zu 15,7 % der WGZ-Bank und zu 7,2 % den Volks- und Raiffeisenbanken gehört.

– Die **HypoVereinsbank** gehört zu 100 % der UniCredit Group, Italien, die wiederum eine 4,9-prozentige Beteiligung an der Allianz hält.

Die Verstrickungen kreuz und quer unter Banken und Versicherungen sind unübersehbar. Kein Wunder, beide Branchen gehören in den CLUB und beide Branchen hantieren mit Unsummen von Geld. Da liegt es nahe, sich zu verbrüdern und sich dabei gegenseitig zu unterstützen.

Die Rolle der Banken- und Versicherungsaufsicht

In praktisch allen Ländern ist diese Aufsichtsbehörde staatlich organisiert und somit unter staatlicher Kontrolle. In der Schweiz nennt sich diese Organisation **FinMa**, in Deutschland **BaFin**. Die folgende Abbildung informiert über den Auftrag dieser Behörde, dies am Beispiel der deutschen **BaFin** (siehe Abbildung 15).

Die Finanzierungssituation im Mittelstand

BaFin (Bundesanstalt für Finanzdienstleistungsaufsicht)

Ziel: Transparenz und reibungslos funktionierende Kapital-, Kredit- und Wertpapiermärkte

→ Organisation:
- 1.700 Mitarbeiter in Bonn und Frankfurt
- Überwachung von 6.000 inländischen Fonds, 2.080 Banken, 730 Finanzdienstleistern, 633 Versicherungsunternehmen, 78 Kapitalanlagegesellschaften und 26 Pensionsfonds (Stand: April 2008)

→ Aufsichtsziele:
- Gewährleistung der Funktionsfähigkeit des gesamten Finanzsystems in Deutschland
- Sicherstellung der Zahlungsfähigkeit von Banken, Finanzdienstleistungsinstituten und Versicherungsunternehmen
- Schutz von Kunden und Investoren

→ Hauptaufgaben:
- Kampf gegen das Missmanagement in Kreditinstitutionen
- Überwachung von Finanz-Konglomeraten
- Stärkung der Rolle Deutschlands als Finanzplatz und Wettbewerbsfähigkeit im globalen Markt

→ Operative Einheiten:
- Bankenaufsicht:
  - Sicherstellung der Funktionsfähigkeit des Bankensektors
  - Stabilität der Wirtschaft
  - Maximaler Schutz von Kundengeldern bei den Banken
- Versicherungs- und Pensionsfondsaufsicht:
  - Erteilung von Zulassungen für Versicherungsgesellschaften
  - Durchführung einer umfassenden rechtlichen und finanziellen Prüfung
- Wertpapieraufsicht / Asset Management:
  - Sicherung der Funktionsfähigkeit der deutschen Wertpapier- und Derivatmärkte

Quelle: Informationen der Internetseite www.bafin.de

Abbildung 15: Bundesanstalt für Finanzdienstleistungsaufsicht (BaFin)

Wir können davon ausgehen, dass praktisch die meisten Länder mit Bankenregulierungen diese oder ähnliche Anforderungen und Pflichtenhefte haben. Somit betrachte ich obige Auflistung als repräsentativ.

Wenn man das nun liest, stellt man sich automatisch die Frage, wie eine Finanzkrise in diesem Ausmaße überhaupt entstehen konnte.

Wir wissen ja bekanntlich, wer versagt hat. Wir haben aber bisher nie von den Aufsichtsgremien gesprochen. Haben diese ebenfalls versagt?

Wie konnte es dazu kommen, dass es bei den allgemein bekannten Rapportierungsvorschriften gegenüber Banken der BaFin entgangen ist, dass große Teile der Aktiven diverser deutschen Banken in irgendwelche dubiosen Sub-Prime-Papiere in den USA investiert worden sind?

Die von mir geschilderten CLUB-Tendenzen sind ja seit Jahren aus den Bankbilanzen abzulesen. Werden die Bilanzen der Banken bei der BaFin nicht gelesen?

Wer sind die jeweiligen Kontrollorgane dieser Finanzmarktaufsichten? Gibt es überhaupt solche? Wenn ja, welche Kontrollen wurden durchgeführt? Durch welche Personen? Welche Ministerien? Welche Rolle spielt das Parlament? Viele Fragen, ich kenne die Antworten nicht im Einzelnen. Vieles kann man aber ahnen. Meinen Sie nicht?

Wie auch immer, lassen Sie mich Ihnen die Situation der entsprechenden Aufsichtsbehörde in der Schweiz etwas näherbringen. Da muss ich mich nicht auf Angaben Dritter stützen noch muss ich Tausende von Dokumenten lesen, ich habe durch mein berufliches Engagement vor Jahren meine eigenen Erfahrungen machen können. In der Schweiz heißt die Behörde seit neuestem Finanzmarktaufsicht, kurz FinMa genannt.

Diese Behörde arbeitet in verschiedener Weise ganz anders, als normalerweise eine Behörde arbeitet. Sie arbeitet unabhängig, ist dem Finanzdepartement nur administrativ unterstellt.

Die Finanzierungssituation im Mittelstand 181

Entsprechend gibt es logischerweise für diese Art von Staatsdienst faktisch auch keine Kontrollen. Ein unkontrollierter Staatsdienst kann dann auch schnell zur Staatsmacht werden, und genau dies ist im Jahre 2009 dem schweizerischen Bankgeheimnis zum Verhängnis geworden. Bis die hohe Politik gemerkt hat, was sich ihre untergeordnete Behörde, die FinMa, geleistet hat, waren die geheimsten Bankunterlagen vieler amerikanischen UBS-Kunden bereits in den Händen der amerikanischen Steuerbehörde.

Das Problem des schweizerischen Bankgeheimnisses ist nicht Thema unseres Buches, daher zurück zum Wirken der Finanzmarktaufsicht in der Schweiz.

Während Jahrzehnten hatte die Bankenaufsicht keine große Publizität. Der Bankenplatz Schweiz ist stark gewachsen, wie wir alle wissen, äußerst erfolgreich. Es gab wohl immer wieder einmal kleinere Skandale. Die waren aber in den Köpfen der Öffentlichkeit auch wieder schnell verschwunden. Eine Ausnahme bildete sicher der Fall Chiasso, mit der damals involvierten Schweizerischen Kreditanstalt, die nachmalige Credit Suisse. Aber auch hier spricht schon lange niemand mehr darüber.

Es ist dann auch nicht weiter verwunderlich, dass es sich die Schweiz, zwischenzeitlich zu einem der größten Finanzplätze der Welt herangewachsen, über Jahre hinweg leisten konnte, das Präsidium der Bankenaufsicht in die Hände eines Teilzeitangestellten zu legen, der nebst einigen weiteren Beschäftigungen auch gleich noch, Kraft seines Präsidiums bei der Burgerkasse der Stadt Bern, die Kontrolle über die stadteigene Bank hatte.

Dies hätte in jedem anderen Gremium zu einem Skandal geführt, nicht aber bei der schweizerischen Bankenaufsicht. Offensichtlich waren die Hauptakteure des Bankenplatzes mit dieser Situation nicht unglücklich, solange die Bankenaufsicht ihre zugewiesene Rolle am Gängelband der Großbanken richtig spielte.

Dies ist auch heute noch so. Der neue Präsident der FinMa ist ein altgedienter UBS-Offizier. Seine bisher seit seinem Amtsantritt getroffenen Entscheidungen in seinem neuen Amt waren sicher im Sinne seines ehemaligen Arbeitgebers.

Die meiste Zeit verbringt der Amtsträger zur Zeit allerdings damit, die Öffentlichkeit zu überzeugen, dass sein eigenes Gehalt nicht groß genug sei! Die Tageszeitungen sind voll damit.

Überrascht Sie dies, lieber Leser?

Zur Aufgabe der Bankenaufsicht in der Vergangenheit gehörte auch sicherzustellen, dass es neuen, kleineren Banken auf dem Bankenplatz so schwierig wie möglich gemacht wurde, überhaupt eine Lizenz zu erhalten. Konnte dies dann trotz immenser Behördenwillkür nicht verhindert werden, hat man in der Folge alles versucht, ein gesundes Wachstum dieser kleineren Institute zu verhindern, mindestens aber zu erschweren.

Wo war das Finanzministerium in solchen Fällen? Wo war die Kritik aus der Politik?

Die Bankenaufsicht in der Schweiz war über Jahrzehnte hinweg bewusst klein gehalten, amateurhaft geführt, ohne Kontrolle und Einfluss der Politik, nicht durch Zufall, sicher nicht.

Hier noch ein anschauliches Beispiel der Tätigkeit der Bankenaufsicht im Jahre 2000.

Ich war zu einer Besprechung zur Bankenaufsicht nach Bern geladen. Mir gegenüber saß ein Direktionsmitglied dieser Behörde. Auf einen bestimmten Sachverhalt angesprochen, antwortete dieser Beamte mit folgendem Kommentar:

»Wissen Sie, wir, die Bankenaufsicht, wir leben und ernähren uns von Denunzianten im ganzen Land. Ohne diese hätten wir nichts zu tun.«

Liebe Leserinnen und Leser, nachdem Sie dies verdaut haben, bitte ich Sie, sich noch einmal zu fragen, wie konnte diese Krise überhaupt entstehen?

Wir alle kennen die Antwort!

Mittelstand und Globalisierung

Bei all meiner Kritik an den Banken, Finanzinstituten, generell den CLUB-Mitgliedern, möchte ich doch festhalten, dass viele Unternehmer auch selber zu wenig tun, um zusätzliche Finanzmittel zu erhalten.

In diesem Zusammenhang möchte ich die Situation der Unternehmervertreter ansprechen.

Millionen von kleineren und mittleren Unternehmen sind in Verbänden organisiert. So wie die Arbeitnehmer in Gewerkschaften sind die Unternehmen in diversen verschiedenen Unternehmerorganisationen vertreten. Also haben sie eine oder mehrere Lobbys.

Es gibt überall örtliche Gewerbeverbände, Industrie- und Handelskammern, Branchenverbände, Arbeitgeberdachorganisationen. Allesamt haben sie Politiker in den jeweiligen Parlamenten vertreten, haben Vertreter in Aufsichtsräten von Banken und Versicherungskonzernen.

Die Frage stellt sich, was diese Verbände und diese Vertreter tun, um die Finanzierungsprobleme ihrer Mitgliedfirmen zu lindern oder sogar zu lösen?

In Deutschland ist die IHK (Industrie- und Handelskammer) mit einer landesweiten Struktur wohl die stärkste Fraktion in diesem Zusammenhang.

Die Antwort ist: Die tun viel Gutes für ihre Mitglieder, aber nicht in diesem Bereich. Ich bin mir nicht nur sicher, ich weiß es auch konkret.

Ich glaube, die einzelnen Vertreter dieser Interessenverbände sind sich gar nicht richtig bewusst, welche Bedeutung ihnen in diesem Zusammenhang zukommen könnte und dringend auch müsste. Dies wäre ein Teil der Lösung, wie die Volkswirtschaften zu Lasten des CLUBs gestärkt werden könnten, also ihre eigenen Mitglieder gestärkt werden könnten.

Mehr darüber in den folgenden Kapiteln.

Was ist die Lösung?

Kapitel 4: Was müsste sich ändern?

Nach meiner Darstellung der wichtigsten Schwachstellen unseres Systems – bezogen auf die Sicherung des Mittelstandes – ist es wohl richtig, wenn ich versuche, auch aufzuzeigen, wie die Lösung des Problems aussehen könnte. Sie merken es, auch ich fange nun an, mich etwas vorsichtig auszudrücken!

Sie werden mit mir einig gehen, so einfach ist es nicht, dessen sind wir uns alle bewusst.

Im Grunde genommen wäre der Fall einfach zu lösen: Man appelliert an die Einsicht der Menschen. Das Grundübel ist ja offensichtlich, die Ursachen liegen auf dem Tisch, nur der Wille wird fehlen. Der Wille fehlt immer dann, wenn die Motivation nicht da ist, und zwar die Motivation des einzelnen Menschen für sich selber. Es liegt wohl in der Eigenart des Durchschnittsbürgers, dass er sein Wohlwollen immer nur kurzfristig sieht, entsprechend verhält er/sie sich auch. Irgendwie verständlich, also kann man dies nur schwer jemandem zum Vorwurf machen.

Dazu kommt, dass der Mensch sich in der Regel selber in einem räumlich und geistig eher beschränkten Umfeld bewegt. Globale Überlegungen werden wohl besprochen und diskutiert, in der eigenen Anwendung aber eher wieder vernachlässigt.

Da die Politiker ja auch nur Menschen sind, in sogenannten Demokratien auch gewählt werden, und zwar wiederum von Menschen, so wäre es verfehlt anzunehmen, dass sich die Einsicht allgemein durchsetzen kann.

Also, vergessen wir das.

Fangen wir an, mit der Aufzählung möglicher konkreter Maßnahmen, die ergriffen werden könnten.

Ich sage »könnten« ganz bewusst. Auch ich habe die Lösung, das sogenannte »Allheilmittel«, nicht. Was ich Ihnen aber bieten kann, sind mögliche Lösungsansätze. Lösungsansätze, die aus meiner Sicht praktikabel und realistisch sind, wenn man dann auch will!

Natürlich wird jetzt schon daran gearbeitet. Es gibt auch bereits viele Leute, die die Situation genau verstehen und auch wissen, was zu tun ist respektive wäre. Die Zeit eilt. Was es nun aber braucht, sind Maßnahmen, die einen richtigen »Flächenbrand« verursachen. Genau das braucht es nun.

Somit verstehen sich meine Anregungen als Anschub zu so einem erhofften Flächenbrand. Nach dem Lesen dieser Lektüre helfen Sie hoffentlich auch mit, diesen Flächenbrand auszuweiten, vielleicht schaffen wir es zusammen …!

Fiskalische Maßnahmen

Jeder Staat, der schlecht wirtschaftet, ruft nach neuen Steuern und nach höheren Steuern. Dies kennen wir.

Um unserem Problem zu begegnen, sind nicht neue und höhere Steuern angebracht, sondern die Steuerbelastungen sollten mehr zielgerichtet, auf unser Problem bezogen, erhoben werden. Man nennt dies auch Lenkungssteuern oder Lenkungsabgaben. Man spricht von Malus und Bonus.

Hier einige kurze Beispiele:

– Unternehmensgewinne, die reinvestiert werden, sollen tiefer besteuert werden als Gewinne, die ausgeschüttet werden.
– Die Steuerbelastung einer Unternehmung richtet sich nicht mehr allein nach dem ausgewiesenen Gewinn, sondern wird berechnet durch Einbezug weiterer Faktoren wie Beschaffung von

Fiskalische Maßnahmen

Arbeitsplätzen, Investitionsaktivitäten – unterteilt in Ersatz- und Neuinvestitionen.
– Start-up-Gesellschaften werden von den Steuern befreit, und zwar so lange, bis die ersten drei Gewinnjahre verbucht sind, nach Verrechnung der Verlustvorträge, wohlverstanden.
– Bei einer Kapitalerhöhung von Gesellschaften erhalten Investoren steuerliche Privilegierung, entsprechende Belastung (Malus) beim reinen Aktienhandel.

Viele weitere Beispiele könnten folgen …
Sie finden nun genügend Steuerberater, die diese Vorschläge schlecht finden. Sie werden auch Politiker finden, die der Meinung sind, diese Vorschläge lassen sich politisch nicht durchsetzen, ich bin mir dessen wohl bewusst. Vielleicht gibt es auch Vorschläge und Maßnahmen, die wesentlich besser sind als meine. Gut so, ich habe kein Problem damit.
Wie auch immer, es muss nur gemacht werden, der Wille muss da sein.
Dies ist wiederum nur dann realistisch, wenn die entsprechenden Rahmenbedingungen, ja, das politische Klima einen solchen Willen fördern. In der Wirtschaft ist dies Aufgabe der Berufs- und Branchenverbände, der Handelskammern, im politischen Leben sind es die lokalen und regionalen Parlamente.
An dieser Stelle nicht zu vergessen sind die vielen parapolitischen Organisationen, die sich bekannterweise nicht überall großer Beliebtheit erfreuen, aber in der Gesellschaft viel bewegen können.
Wie kann dies am besten geschehen? Aus meiner Sicht nur durch Aufklärung, wiederkehrende Aufklärung.
Noch mehr darüber auf den kommenden Seiten.

Neue Börsenplätze für Mittelständler

Eine der wichtigsten Möglichkeiten für die Finanzierung des Mittelstandes ist der Börsengang der Unternehmen. Dazu aber bedarf es spezialisierter Börsenplätze, die zum Beispiel eine günstige Kostenstruktur anbieten können. Denn andernfalls schrecken die meisten Mittelständler auch weiterhin vor diesem Schritt zurück.

Mit dieser Maßnahme könnte die Kapitalbeschaffung mittelständischer Unternehmen völlig neu definiert werden.

Wir müssen wegkommen von der Meinung, dass Börsengänge nur für Konzerne in Frage kommen.

Bevor wir nun dieses Thema etwas näher betrachten, möchte ich Ihnen am Beispiel des Neuen Marktes in Deutschland aus dem Jahre 2000 darstellen, wie man es **nicht** machen sollte.

Etwas Nostalgie: Der Neue Markt

Der Neue Markt in Deutschland Ende der Neunzigerjahre hätte zu einem guten Beispiel für mittelständische und innovative Unternehmer werden können, um über die Börse Finanzkraft zu schöpfen. Doch leider, leider …

Mit dem Neuen Markt wurden vor allem hochriskante Ventures finanziert. Vor allem Start-up-Unternehmen, unrealistische Zukunftsträume und Ähnliches, nicht aber gestandene Mittelständler, die sich am Markt bereits etabliert hatten und nun mit Neugeld wachsen wollten.

Die Kurse am Neuen Markt wurden von den involvierten Banken, Brokern und natürlich den gierigen Anlegern – also vom CLUB – in die Höhe getrieben, bis dann schließlich alle praktisch alles verloren haben.

Als direkte Konsequenz daraus gingen neben den notierten Unternehmungen auch etliche Investmentbanken in Deutschland selber in die Insolvenz.

Der Neue Markt wurde am 10. März 1997 mit dem neu gegründeten Telekomanbieter Mobilcom und dem Ingenieurdienstleister Bertrandt gegründet. Bis Ende 1997 waren bereits 17 Unternehmen am Neuen Markt notiert, sein Index stieg in dem Dreivierteljahr auf fast das Doppelte.

Das Jahr 1998 am Neuen Markt und die weitere Entwicklung

Ende 1998 waren bereits 64 Unternehmen am Neuen Markt gelistet. Ihre Marktkapitalisierung belief sich zu der Zeit auf rund 26 Milliarden Euro. So war es nur logisch, dass am 1. Juli 1999 die *Deutsche Börse AG* für die 50 nach Marktkapitalisierung und Börsenumsätzen größten Unternehmen des Neuen Marktes einen eigenen Blue-Chip-Index, den *Nemax 50*, einführte. Darüber hinaus wurde der bisherige Neue-Markt-Index in *Nemax All Share* umbenannt. Dieser Index umfasste bereits 124 Unter-nehmen mit einer Marktkapitalisierung von 56 Milliarden Euro.

Jahr	Nemax All-Share-Index	Notierte Unternehmen insgesamt	Gesamtkapitalisierung
Ende 1998	2738,64	64	26 Milliarden Euro
Mitte 1999		124	56 Milliarden Euro
Ende 1999	4552	201	111,3 Milliarden Euro
10.03.2000	8546/9666	229	234,25 Milliarden Euro
Ende 2000		339	121 Milliarden Euro
Ende 2001		327	49,9 Milliarden Euro

Tabelle 16: Unternehmen und Marktkapitalisierung am Neuen Markt

Nachdem sich die Gründung des Neuen Marktes am 17. März 2000 zum dritten Mal gejährt hatte, begann der Abstieg, parallel zum Kursverlauf an der US-Technologiebörse NASDAQ. Dazwischen stieg der Neue Markt zwar immer wieder mal an, aber in der Rückschau war dies der Zeitpunkt, zu dem der Verfall begonnen hatte.

Mitte 2000 haben Börsenbriefe und Anlegerzeitschriften bereits erste Pleiten prognostiziert. Dennoch geht die Börseneuphorie weiter. Unzählige steigen in Torschlusspanik auch jetzt noch ein, zu total überhöhten Preisen.

Am 21. Juli 2000 wird das 300. Unternehmen am Neuen Markt gelistet: das Biotech-Unternehmen *Genescan Europe*.

Die erste Pleite folgt auf dem Fuße am 15. September 2000 mit dem Telekommunikations-Unternehmen *Gigabell*. Dieses Unternehmen wird im Februar 2001 auch als Erstes wegen Verstoßes gegen das Regelwerk vom Neuen Markt ausgeschlossen.

2001 – der ungebremste Absturz geht weiter: Am 3. Januar fällt der *Nemax 50* auf 2.175 Punkte, am 3. April liegt er unter 1300 Punkten und am 30. August fällt er im Handelsverlauf erstmals unter die Marke von 1000 Punkten, also unter den ursprünglichen Anfangswert.

Aber der Sturzflug ist noch keineswegs gebremst. Am 11. September 2001, dem Tag der Anschläge auf das World Trade Center in New York, brechen die Aktienkurse weltweit reihenweise ein.

An diesem Tag markiert der *Nemax 50* bei 837 Punkten, ohne dass dies ein Endpunkt gewesen wäre. Der Rausch nach unten geht weiter, bis zum 21. September 2001, als er seine Talsohle bei 662 Punkten endlich findet.

Im Jahr 2001 wurden einige der Unternehmen vom Neuen Markt zwangsweise ausgelistet. Jetzt kamen die Skandale ans Tageslicht.

Aus diesem Grund wies der *Nemax All Share* nur noch 327 gelistete Unternehmen auf gegenüber 339 im Jahr 2000 und obwohl elf neue Marktteilnehmer den Sprung an den Neuen Markt noch gewagt hatten.

Die Abwärtsspirale dreht sich weiter und immer weiter. Sie wird nun noch gewürzt durch zahlreiche Betrugsfälle und Skandale der gelisteten Unternehmen des *Nemax*.

Hervorstechend ist dabei der Fall *ComROAD AG*: Der Firmengründer Bodo Schnabel wird verhaftet und wegen Kursbetrugs, Insiderhandels und gewerbsmäßigen Betrugs zu sieben Jahren Gefängnis verurteilt – die er jedoch niemals abgesessen hat.

Die Geschäfte von *ComROAD AG* bestanden fast nur auf dem Papier: Scheingeschäfte mit den eigenen Firmen. Die *ComROAD AG* hat bis 2002 allein 17 Umsatzsteigerungen gemeldet, sodass sie am Ende mit mehr als einer Milliarde Euro bewertet wurde – eine Summe, die ohne substanziellen Gegenwert bestand.

Was wurde nun aus Bodo Schnabel? Gegen die sieben Jahre Knast hat er respektive die *ComROAD AG* Verfassungsbeschwerde vor dem Bundesverfassungsgericht eingelegt. Im Februar 2005 kam es zu einem Vergleich zwischen dem Freistaat Bayern auf der einen Seite, der *ComROAD AG* und Bodo Schnabel auf der anderen Seite.

Auch gegen eine Verurteilung zur Zahlung von 750.000 Euro an geschädigte Anleger, verhängt vom Landgericht Frankfurt, wurde Berufung eingelegt. Noch anhängige Klagen gegen Bodo Schnabel und seine *ComROAD AG* wurden Ende 2006 und Anfang 2007 vom Landgericht und vom Oberlandesgericht München zurückgewiesen.

Weiterhin hat das Oberlandesgericht München im Mai 2007 ein Urteil des Landgerichts München aufgehoben, in dem Bodo Schnabel zu Schadensersatz verurteilt worden war. Des Weiteren hat auch der Bundesgerichtshof im Juni 2007 eine Verurteilung des Bodo Schnabel zum Schadensersatz aufgehoben. Auch ein Urteil des Oberlandesgerichtes Frankfurt zur Schadensersatzverpflichtung wurde im März 2008 vom Bundesgerichtshof kassiert.

Und die *ComROAD AG*? Der Name ist wohl etwas anrüchig geworden. Und so wurde er kurzerhand umgeändert in *Tracom Holding AG*, die sich den Grundsatz »Strategischer Weitblick gepaart mit fundiertem Know-how« zum Motto gemacht hat.

Lesen wir etwas weiter im eigenen Profil der *Tracom Holding AG*:

»Entwicklungs- und Branchentrends erkennen, zielgerichtet in profitable Geschäftsfelder investieren und nachhaltiges Wachstum erreichen – das gelingt der TRACOM Holding AG dank fundierter Erfahrung und Know-how im nationalen und internationalen Markt.«

Fundierte Erfahrung. So, so. Noch schöner klingt der Absatz über die Selbsterkenntnis, hier: »Altlasten«:

»Die TRACOM Holding AG als restrukturiertes Unternehmen und Mittelstandholding ergab sich aus einem 1994 gegründeten Unternehmen und ist unter WKN 544940 am Freiverkehr, Börse Hamburg, notiert. Hauptsitz des Unternehmens ist München. Durch die Restrukturierung konnten sämtliche Altlasten bereinigt werden. Heute ist die TRACOM Holding AG ein effizientes, solides und transparentes Beteiligungsunternehmen auf dem Weg in eine nachhaltig erfolgreiche Zukunft.«

Na, dann …

Die *ComROAD AG* war bei Weitem nicht das einzige Unternehmen mit solchen Auswüchsen. Aber es steht für einen der größten (Betrugs-)Fälle am Neuen Markt.

So kann eine gute Idee durch die Gier aller Akteure in Misskredit gebracht und sang- und klanglos nach relativ kurzer Zeit zunichte gemacht werden.

Der Neue Markt hätte zu einer Erfolgsgeschichte werden können, denn er bot gerade jungen und mittelständischen Unternehmen die Gelegenheit, sich für ihre innovativen Ideen am Finanzmarkt mit Kapital einzudecken.

Schade, dass diese Möglichkeit pervertiert worden ist.

Nun zurück zur Gegenwart.

Vielerorts werden Anstrengungen unternommen, um über den Mechanismus mittelständischer Börsen für Unternehmungen Liquidität zu beschaffen. Nur leider mehr halbherzig als ernsthaft. Irgendwie scheint die Einsicht zu fehlen oder der politische Wille oder auch gut möglich die mangelnde Unterstützung, auch Widerstand genannt, der großen Hauptbörsen.

Nehmen wir das Beispiel der Börse:

M:access

Die Börse München hat am 1. Juli 2005 den neuen Handelsplatz M:access eröffnet, der speziell als Plattform für mittelständische Unternehmen eingerichtet wurde. Ziel dabei ist, den mittelständischen Unternehmen einen Zugang zu Wachstumskapital zu eröffnen.

Gerade im Zusammenhang mit Basel II erscheint dies den Initiatoren als geeignete Möglichkeit, um den öffentlichen Kapitalmarkt zur Stärkung der Eigenkapitalbasis zu nutzen.

M:access ist im Freiverkehr angelegt. Er legt die Messlatten niedrig, um den Börsenzugang zu erleichtern. M:access ist auch in Bezug auf die Folgepflichten und die Kosten attraktiv und für den Einstieg an der Börse gut geeignet. Von den Wettbewerbern im unregulierten Freiverkehr soll sich die Börse München mit M:access durch Qualitätsstandards unterscheiden.

Im Hintergrund steht dabei die Eigenkapitalschwäche des deutschen Mittelstandes, die als Bremse dem Wachstum dieser wichtigen Unternehmen der deutschen Wirtschaft zuwiderläuft. Seit dem Wegfall des Neuen Marktes hat sich eine Lücke bei der Finanzierung aufgetan.

Die finanziellen Ressourcen bilden meist einen Engpass. Diesen Engpass zu beseitigen oder zumindest zu mildern, bleibt nach wie vor von ausschlaggebender Bedeutung für den Unternehmenserfolg überhaupt.

So müssen vielfach externe Kapitalgeber einspringen. Dies ist nicht nur im Sinne des Unternehmers selbst, sondern liegt auch im volkswirtschaftlichen Interesse. Das heißt, dass eine Regierung daran interessiert sein muss, eine effektive Innovations- und Technologiepolitik zu betreiben, um innovationsfördernde Rahmenbedingungen zu schaffen und finanzielle Förderinstrumente bereitzustellen.

Gerade bei kleinen und mittleren Unternehmen fehlt es jedoch zumeist an erster Stelle am Faktor Finanzausstattung. Und so ergibt sich das Problem von unzureichendem Eigenkapital, das gerade in der Eingangsphase von Innovationen zu Liquiditätsproblemen führt. Dies gestaltet sich dann so, dass immer wieder auftretende unvorhergesehene Liquiditätsprobleme durch ungeplante Ausgaben auftreten und dass dadurch auch notwendige Folgeinvestitionen nicht getätigt werden können. Die Vernachlässigung der Finanzierungsseite führt nicht selten zur Schieflage des ganzen Unternehmens. Es treten besonders häufig drei Arten von Mängeln auf, die dann zur Schieflage führen:

- Finanzierungsaufgaben werden nicht bereits in der Konzeptionsphase oder spätestens bei der Projektplanung berücksichtigt, sondern erst dann, wenn akute Finanzierungsprobleme aufgetreten sind.
- Bei Innovationen wird es oftmals versäumt, den Aufwand für Zeit, Personal, Sachmittel und finanzielle Ressourcen hinreichend im Voraus zu klären. Die dann auftretenden Lücken zwischen Soll und Ist führen zu erneuten Finanzierungslücken.
- Schließlich werden die Markteinführungskosten häufig unterschätzt und erst zu spät in das Finanzierungskonzept eingebunden.

Darüber hinaus ist es jedoch nicht zu übersehen, dass gerade bei kleinen und mittleren Unternehmen in der ersten Phase einer Investition erhebliche Finanzierungsprobleme auftreten können und vielfach auch auftreten werden.

Dies zeigt sich einerseits in fehlendem Eigenkapital und andererseits in verwehrtem Zugang zu Fremdkapital, obwohl dem Mittelstand zahlreiche öffentliche Fördermittel in Kombination mit Bankkrediten prinzipiell zur Verfügung stehen. Gerade aber mittelständische Unternehmen haben niedrige Eigenkapitalquoten, sodass ihnen vielfach eine entsprechende Finanzierung verwehrt bleibt.

Dies liegt daran, dass Banken von den mittelständischen Unternehmen, die eine Finanzierung beantragen, mehr Informationen, mehr Sicherheiten und mehr Eigenkapital für eine positive Kreditentscheidung verlangen.

Im Jahr 2004 verfügte nach Creditreform etwa ein Fünftel (21,7 %) der mittelständischen Unternehmen über mehr als 30 % Eigenkapital im Verhältnis zur Bilanzsumme und damit über eine gute Eigenkapitalausstattung. Ein knappes Drittel jedoch (31,4 %) verfügt auch heute noch über weniger als 10 % Eigenkapital und ist damit unterkapitalisiert.

Ein Nebeneffekt davon wäre, dass Deutschland für Investoren interessanter wird. Private-Equity-Investoren könnten dadurch einen gewinnbringenden Ausstieg (Exit) über die Börse realisieren. Dies kann die Investitionsbereitschaft dieser Investoren, die bisher nur zögerlich investiert haben, erhöhen.

Der Zugang zu M:access, dem Mittelstands-Handelsplatz der Münchner Börse, ist entgegen dem Zugang zum geregelten Markt deutlich einfacher konzipiert. Die Kernvoraussetzungen für ein Listing sind:

- Grundkapital von mindestens einer Million Euro
- Vorlage mindestens eines Jahresabschlusses als Kapitalgesellschaft
- Veröffentlichung eines Börsenprospekts
- Beibehaltung der Notiz in M:access setzt das Unterhalten einer Website voraus
- Beauftragung eines von der Börse München zugelassenen Emissionsexperten
- Die Gebühren für die erstmalige Einbeziehung in den Freiverkehr bzw. die Zulassung in die regulierten Märkte und die Einführung belaufen sich auf einen Pauschalbetrag in Höhe von 2.500 Euro. Für die Notiz in M:access werden keine Gebühren erhoben.

Unternehmen, die einen Börsengang an dem Handelsplatz in

Erwägung ziehen, müssen allerdings kein Mindest-Emissionsvolumen vorweisen. Ein Lock-up – also ein Zeitraum, in dem die Altaktionäre nach dem Börsengang keine Aktien aus ihren Beständen verkaufen dürfen – wird auch nicht gefordert. Zudem ist eine Bilanzpressekonferenz nicht verpflichtend.

Stattdessen sollen die Unternehmen eine speziell dafür eingerichtete Website der Börse München als Informations- und Kommunikationsmedium nutzen. Die 23 zum Stand vom 15. September 2008 gelisteten Unternehmen zeigt Tabelle 17:

Emittent	Branche	WKN ISIN	Aktiengattung	Marktsegment	notiert seit
Ariston Real Estate AG	Immobilien	A0F5XM DE000A0F5XM5	Stamm-Aktien	Freiverkehr	02.04.07
Artec Technologies AG	IT-Dienstleistungen	520958 DE0005209589	Inhaber-Aktien	Freiverkehr	01.02.07
Blue Cap AG	Beteiligungsgesellschaft	A0JM2M DE000A0JM2M1 B7EG.MU	Inhaber-Aktien	Freiverkehr	23.04.07
CCR Logistics Systems AG	Rücknahme- und Clearingsysteme	762 720 DE0007627200	Inhaber-Aktien	Freiverkehr	01.07.05
emQtec AG	Industrie	A0JL52 DE000A0JL529	Inhaber-Aktien	Freiverkehr	14.07.06
F24 AG	Sicherheit	A0F 5WM DE000A0F5WM7	Inhaber-Aktien	Freiverkehr	08.09.06
GoingPublic Media AG	Printmedien	761210 DE0007612103 G6P	Namens-Aktien	Freiverkehr	01.09.08
Hyrican Informationssysteme AG	Informationstechnologie	600450 DE0006004500	Inhaber-Aktien	Geregelter Markt	19.12.05
Jost AG	Kanzleivermittlung	621 640 DE0006216401	Inhaber-Aktien	Freiverkehr	01.07.05
Lindner Holding KGaA	Bau	648720 DE0006487200	Inhaber-Aktien	Freiverkehr	01.06.06

Neue Börsenplätze für Mittelständler

Emittent	Branche	WKN ISIN	Aktien- gattung	Markt- segment	notiert seit
Merkur Bank KGaA	Banken	814 820 DE0008148206	Inhaber-Aktien	Geregelter Markt	01.07.05
NanoFocus AG	Nano-technologie	540066 DE0005400667	Inhaber-Aktien	Frei-verkehr	01.02.07
NascaCell Technologies AG	Bio-technologie	A0F5WL DE000A0F5WL9	Inhaber-Aktien	Frei-verkehr	12.12.06
net mobile AG	Telekommuni-kation	813 785 DE0008137852	Inhaber-Aktien	Frei-verkehr	12.07.05
Phönix Solar AG	Solarenergie	A0BVU9 DE000A0BVU93	Inhaber-Aktien	Frei-verkehr	01.07.05
S.A.G. Solarstrom AG	Solarenergie	702 100 DE0007021008	Inhaber-Aktien	Frei-verkehr	01.07.05
Solar Millennium AG	Solarenergie	721 840 DE0007218406	Namens-Aktien	Frei-verkehr	27.07.05
STEICO AG	Baumaterial und -komponenten	A0LR93 DE000A0LR936 ST5G.MU	Namens-Aktien	Frei-verkehr	25.06.07
Sunline AG	Solarenergie	A0BMP0 DE000A0BMP00	Inhaber-Aktien	Frei-verkehr	20.10.05
U.C.A. AG	Finanzdienst-leistungen	701 200 DE0007012007	Inhaber-Aktien	Frei-verkehr	01.07.05
Value-Holdings AG	Finanzdienst-leistungen	760 040 DE0007600405	Inhaber-Aktien	Freiver-kehr	01.07.05
VEM Aktienbank AG	Kapitalmarkt-dienst-leistungen	760830 DE0007608309	Inhaber-Aktien	Geregelter Markt	07.12.05
VIB Vermögen AG	Immobilien	245 751 DE0002457512	Inhaber-Aktien	Frei-verkehr	28.11.05

Quelle: http://www.boerse-muenchen.de/de/100839/100931/100937/unternehmen_&_kurse.html

Tabelle 17: Die bisher notierten Unternehmen an M:access (Stand: September 2008)

Jedenfalls ist die Aktie gerade für den Mittelstand ein brauchbares Mittel, um die Unternehmensfinanzierung zumindest zu unterstützen, wenn nicht sogar sicherzustellen. Bisher aber ist der deutsche Aktienmarkt noch nicht leistungsfähig genug, um gerade kleinen und mittleren Unternehmen diese Chancen flächendeckend zu gewährleisten.

Jetzt, in der Finanzkrise, wird das auf absehbare Zeit wohl auch nicht wesentlich besser werden.

Oder ein weiteres Beispiel mit der Gründung der deutschen Börse.

Börse führt GEX ein

Die Deutsche Börse AG führte zum 3. Januar 2005 einen Index für den Mittelstand ein, den *German Entrepreneurial Index* GEX an der Frankfurter Wertpapierbörse. Darin werden eigentümergeführte Unternehmen in Deutschland abgebildet.

Der GEX enthält deutsche Unternehmen aus dem Prime Standard der Frankfurter Wertpapierbörse, die seit höchstens zehn Jahren börsennotiert sind und zu 75 Prozent von Eigentümern geführt werden, die mindestens 25 Prozent der Anteile halten.

Aktuell qualifizieren sich rund 120 Unternehmen für den Index, darunter beispielsweise Henkel, Fresenius und Fielmann.

»In den vergangenen Jahren haben sich eigentümergeführte Unternehmen eindrucksvoll an der Börse behauptet. Ihre Kursperformance liegt über der des Gesamtmarktes«, sagte Rainer Riess, Direktor für den Bereich Kassamarkt. Berechnet auf den Zeitraum Juni 2002 bis September 2004 übertrafen die Unternehmen im GEX sogar die Auswahlindizes Dax, TecDax und SDax.

Kriterien für die Zusammensetzung des GEX sind den Angaben zufolge Eigentumsstruktur und Dauer der Kapitalmarktzugehörigkeit. Die Gewichtung erfolgt gemäß der Marktkapitalisierung der frei handelbaren Aktien, des sogenannten Streubesitzanteils.

Zu fragen ist nun, welche Vorteile die Notierung im GEX den mittelständischen Unternehmen bringt. Nach Angaben der Deutschen Börse verleihe der GEX den börsennotierten mittelständischen Unternehmen »mehr Visibilität« am Kapitalmarkt. Sie werden also besser wahrgenommen, wenn sie im GEX notiert sind.

Nicht gelistete Unternehmen, die in ihrer Struktur GEX-Unternehmen ähnlich sind, können den neuen Mittelstandsindex als Benchmark für ihre Kapitalkosten an der Börse heranziehen. Emittenten von Zertifikaten kann der GEX als Basiswert für derivative Produkte dienen, d.h. als Richtschnur für den Verkaufspreis der Derivate. Er kann auch einen Eindruck davon vermitteln, welche Investitionsmöglichkeiten es überhaupt unter den mittelständischen Unternehmen gibt. Für Investoren ist der GEX ein Indikator, der klare Aussagen über die Performance von mittelständischen Unternehmen macht.[63]

Dennoch: Der Mittelstand, die kleinen und mittelgroßen Unternehmen also, sind an der Börse und im Wertpapierhandel bislang nicht ausreichend repräsentiert. Der sogenannte Geregelte Markt ist durch die Gesetze stark reguliert und für einen Mittelständler wenig attraktiv, unter anderem wegen der hohen Kosten eines Börsenganges.

Ganz anders sieht es in England aus. Allerdings, auch da liegt das Problem an der mangelnden Liquidität der Börse respektive am mangelnden Interesse der Anleger.

AIM (Alternative Investment Market)

An der Londoner Börse existiert nun schon seit Jahren das Spezialsegment AIM (Alternative Investment Market) mit großem Erfolg. Allein im Jahre 2004 wurden weit über 300, vorwiegend englische Gesellschaften an den Markt gebracht. In Deutschland waren es im gleichen Zeitraum nur einige wenige.

AIM geht grundsätzlich den richtigen Weg. Es gibt keinen Grund, warum dies nicht auch in anderen industrialisierten europäischen Ländern möglich sein sollte.

Aber AIM birgt auch einige große Nachteile, die für die Kapitalbeschaffung hinderlich sind:
Einerseits sind die Startkosten exorbitant hoch. Um eine Gesellschaft erfolgreich an die Börse zu bringen, muss zur Zeit mit Kosten von etwa einer halben Million englischen Pfund gerechnet werden. Nicht wenig für eine Unternehmung, die selber Geld braucht.

Der Grund liegt nicht allein an den großen administrativen Bemühungen, die eine Börsenzulassung mit sich bringt, sondern wiederum an den immensen Gebühren und Honoraren, die die Investmentbanken, Broker und Adviser von den jeweiligen Unternehmungen verlangen.

Wenn der Börsengang zusätzlich noch mit einer Kapitalbeschaffungsmaßnahme verbunden wird, was ja auch Zweck der Börsennotierung sein sollte, kommen noch einmal Kosten von bis zu zehn Prozent der beschafften Summe dazu.

Ein weiteres Problem an diesem Börsensegment ist die mangelnde Liquidität vieler der gehandelten Titel, was konkret bedeutet, dass die Titel zu wenig gehandelt werden.

In der Praxis kann man das jeden Tag in den Börsenpublikationen nachlesen. Die Aktien vieler Gesellschaften am AIM werden gar nicht oder nur wenig gehandelt. Dies bedeutet, dass das Publikumsinteresse zu klein ist. Damit wird es für die börsennotierte Gesellschaft immer schwieriger, auf dem Markt Geld zu beschaffen, wenn die Aktie im Markt als uninteressant angesehen wird.

Die Börsennotierung allein genügt für einen erfolgreichen Markteintritt nicht. Der Titel muss bekannt gemacht werden, ja, unters Volk gebracht werden. Und das kostet zusätzlich.

Dennoch: AIM preist sich selbst als den erfolgreichsten Wachstumsmarkt der Welt an, der die Unternehmen von morgen fördere. Seit seinem Beginn 1995 wurden jedenfalls mehr als 2900 Unternehmen am AIM eingeführt, darunter auch eine Reihe ausländischer Unternehmen.

Mittelstandsbanken sind unverzichtbar

Zum leistungsfähigen Börsenmarkt bedarf es auch der geeigneten Rahmenbedingungen. Erst dann werden die Anleger genug Vertrauen in dieses Anlagesegment setzen. Und es bedarf auch kundiger Anleger, die die Chancen und Risiken selbständig und eigenverantwortlich einschätzen können.

Von diesem Anlegertypus jedoch fehlt es hier nach wie vor. Solche Anleger in großer Zahl wären befähigt, die Rahmenbedingungen der Kapitalmärkte auch auf politischer Ebene weiterzubringen. Damit würde sich automatisch die Unternehmensfinanzierung in vielen europäischen Ländern verbessern.

Gerade aber in Zeiten von Börsencrashs, in Zeiten von geplatzten Illusionsblasen und in Zeiten von weltweiten Finanzkrisen laufen die meisten Menschen lieber einen sicheren Hafen an.

Trotz dieser Krisenszenarien jedoch sind die Fundamentaldaten in Deutschland wie auch in vielen anderen Ländern gut. Es stellt sich lediglich die Frage, wie lange noch.

Das Fundament des Mittelstandes ist tragfähig, um weiteres Wachstum der vielen kleinen und mittleren Unternehmen zu ermöglichen. Sie sind es, die mit ihren Investitionen die Mehrzahl neuer Arbeitsplätze schaffen und Ausbildungsplätze bereitstellen. Dadurch schafft der Mittelstand auch in unruhigen Zeiten wirtschaftliche Erneuerung. Mit den vielen innovativen Ideen schaffen gerade diese mittelständischen Unternehmen Wirtschaftswachstum.

Damit das auch so bleibt, ist jedoch entsprechende Finanzkraft vonnöten. Eine gute Idee allein genügt eben nicht. Wir brauchen zu ihrer Entwicklung bis hin zum marktfähigen Produkt vor allem kräftige Investitionen in den Mittelstand. Diese Investitionen brauchen eine solide Finanzierungsbasis.

Aber wie schon häufiger in diesem Buch gesagt: Gerade die mittelständischen Unternehmen haben oft große Schwierigkeiten, Kredite zu angemessenen Konditionen zu erhalten.

Jedes aussichtsreiche Vorhaben aber, das an der Finanzierung scheitert, bedeutet einen Verlust an volkswirtschaftlichem Wachstum.

In Deutschland hat die Aktie – ein wichtiges Instrument der Eigenfinanzierung – leider bei Weitem nicht die Bedeutung erlangt wie in anderen Volkswirtschaften mit einem gut entwickelten Finanzmarkt. Es scheint so, dass die Deutschen hier eher risikoscheu sind und vermeintlich sicherere Anlagen bevorzugen. Dies liegt nicht nur an der Mentalität, sondern auch an der speziellen deutschen Geschichte.

Gemessen am Bruttoinlandsprodukt beträgt die Börsenkapitalisierung in den USA, Großbritannien oder der Schweiz ein Mehrfaches des deutschen Wertes.

Dementsprechend schwierig sieht es für die Börsenfinanzierung des Mittelstandes aus. Denn Börsenfinanzierung ist für den Mittelstand und im Allgemeinen mit Eigenkapitalbildung gleichzusetzen. Darum sollte diese Finanzierungsmöglichkeit stärker gefördert werden, dies in der größten Volkswirtschaft in Europa.

Zwar bemüht sich die Regierung darum, durch staatliche Förderung dem Mittelstand Finanzmittel zur Verfügung zu stellen. Doch vor den Finanztöpfen sitzen ja nun wieder die niedergelassenen Banken. Denn sie sind die Mittler zwischen dem kapitalsuchenden Unternehmer und der staatlichen Förderung.

Außerdem ist es nicht erfreulich, welche Milliarden an Geldern bei der staatlichen Kreditanstalt für Wiederaufbau, kurz: KfW, schon versickert sind.

Im Folgenden mehr darüber.

Die staatliche KfW und ihre Geschichten

Die KfW oder einfach auch die Mittelstandsbank wirft immer wieder mit Steuermillionen um sich. Der größte Coup geschah mitten in der Finanzkrise im September 2008.

Obwohl die Pleite der amerikanischen Investmentbank *Leh-*

man Brothers Inc. mit Hauptsitz in New York längst bekannt war, überwies die KfW am 16. September 2008 trotz aller Meldungen über die bevorstehende Pleite der Lehmans 350 Millionen Euro. Ein »technischer Fehler«, so die Entschuldigung der KfW.

Die Süddeutsche Zeitung spottete darüber am 17. September 2008: »Deutscher Beitrag zur Wall-Street-Sanierung«[64]:

»Als fast jeder Kleinsparer auf dem Dorf zu Wochenanfang längst aus Funk und Fernsehen von der katastrophalen Lage von Lehman Brothers wusste, überwiesen die Frankfurter Staatsbanker noch 300 Millionen Euro über den großen Teich auf ein Konto der New Yorker. Und das ausgerechnet am Tag der Pleite der viertgrößten Investmentbank an der Wall Street.«

Peinlich ist das vor allem für die Verantwortlichen der KfW, und dies ist in erster Linie die Spitzengarde der Politiker, quer durch die Parteienlandschaft: Das fängt an beim Finanzminister Peer Steinbrück (SPD), läuft zum ehemaligen Wirtschaftsminister Michael Glos (CSU) bis hin zum Linken-Chef Oskar Lafontaine. So sitzen sie alle im gleichen Boot des Verwaltungsrats der KfW und merken nichts.

Es ist natürlich klar, dass keiner der großen Politiker sich mit Kleinklein beschäftigt – wäre da nicht just ein paar Monate vorher schon die Mittelstandsbank IKB pleite gegangen. Das kostete den Steuerzahler die stolze Summe von acht Milliarden Euro.

Nun ja, was sind da schon 350 Millionen? Peanuts eben. Erinnern Sie sich in diesem Zusammenhang an Hillmar Kopper, ehemaliger Chef der Deutschen Bank, der schon Anfang der 90er-Jahre 50 Mio. DM als Peanuts bezeichnet hat.

Sie merken, der CLUB besteht schon seit Jahren!

Peinlich auch, dass der damals neue KfW-Chef Ulrich Schröder bei seinem Amtsantritt eine Gehaltserhöhung gegenüber seiner Vorgängerin Ingrid Matthäus-Maier um hundert Prozent durchsetzte: 800.000 Euro pro Jahr.

Und dann das!

Gerüchte über die Schieflage der *Lehman Brothers* gab es schon länger. Die Pleite einer Bank kommt ja auch nicht aus dem Nichts. Auch wenn es ein Swap-Geschäft zur Absicherung von Kursrisiken über 350 Millionen Euro war, ein Geschäft also, bei dem die Zahlungen später erfolgen, ausgeführt von einem Computerprogramm.

Das heißt aber nicht, dass das Programm nicht korrigiert werden könnte. Schon bei Bekanntwerden der Schieflage hätten die Positionen überprüft werden müssen. Das war kein »technischer« Fehler, wie sich die KfW entschuldigt und wie auch Michael Glos gerne behauptet. Das war menschliches Versagen, kurz: die Entwicklungen verschlafen, blanke Dummheit eben.

Bei solchen Katastrophen kann man immer wieder eine bestimmte Vorgehensweise beobachten, die auch in diesem Fall geschah: Zunächst wird von 300 Millionen Euro gesprochen. Ein paar Tage später werden dann schon 350 Millionen draus. Kursschwankungen oder so was.

Nun gut, das schreckt uns schon lange nicht mehr. Wir sind da schon an Milliardenbeträge gewöhnt. 300 oder 350 Millionen. Das klingt heute schon so richtig provinziell, keine große Sache mehr, keine Milliarden eben.

Ein, zwei Tage später aber meldet die Frankfurter Allgemeine Zeitung, dass die Summe wohl doch um einiges höher sein könnte. Man spricht von einem Gesamtschaden in Höhe von 536 Millionen Euro. Zum einen, so berichtet die FAZ, sei dies ein Devisen-Swap-Geschäft zum gültigen Umrechnungskurs Dollar zu Euro vom 16. September 2008 gewesen. Und da werden aus den 300 Euro – schwuppsdiwupps – schnell mal 350 Millionen Euro.

Außerdem wurden nun auch noch andere Verluste aus Schuldverschreibungen mit *Lehman Brothers* in Höhe von 186 Millionen Euro bekannt.

Mal sehen, was jetzt noch alles ans Licht kommt.

Zumindest gibt dieser Skandal Anlass dazu, die Kontrollabläufe in der KfW genauer unter die Lupe zu nehmen.

Für die Politik, so hört man, sei es grundsätzlich schwierig, in solchen Gremien wie dem Verwaltungsrat der KfW die Aufsicht zu führen. Der KfW-Vorstand versorgt die Ratsmitglieder außerordentlich schlecht mit Informationen. Eine tiefgreifende Reform der KfW mit einer Verkleinerung des Verwaltungsrats und dem Rückzug des Staates ist da nötig.

Dort wurde das Thema auf die Tagesordnung gesetzt, die auch die endgültige Zustimmung zum Verkauf der IKB an den US-Finanzinvestor Lone Star beinhaltet. Bei der Rettung der durch US-Ramsch-Immobilien in Schieflage geratenen IKB hatte die frühere Haupteigentümerin KfW bereits mehrere Milliarden Euro verloren.

Die KfW-Bankengruppe hat eine prächtige Vergangenheit. Sie war die Hoffnung der jungen Bundesrepublik, gleich nach dem Zweiten Weltkrieg. Sie wurde am 16. Dezember 1948 eingerichtet, um die Gelder aus dem Marshall-Plan zu verwalten, der auf Initiative des damaligen US-Außenministers George C. Marshall für die europäischen Länder eingerichtet wurde.

Während die meisten anderen europäischen Staaten dieses Geld als direkte Zuschüsse verteilten, hat es die KfW nur verliehen. Aus diesem Grund hält die KfW auch heute noch einen erklecklichen Bestand an Geldvermögen, der aus dieser Summe entstanden ist. Die Gelder und das, was daraus im Laufe der Jahre entstanden ist, werden also immer wieder im Rahmen zinsgünstiger Darlehen verteilt.

Es waren zuletzt rund 12 Milliarden Euro Sondervermögen als Kapitalstock. Aber das Jahr 2008 brachte harte Einschnitte. Denn mit der Kreditkrise wurden mirnixdirnix neun Milliarden Euro verschleudert, drei Viertel also des Sondervermögens, aufgebaut in langen Jahren seit Kriegsende aus den 1,4 Milliarden Dollar des Marshallplans, die Westdeutschland davon erhalten hatte.

Was war passiert?

Die staatseigene Förderbank KfW hielt einen Anteil von zunächst 38, dann 45,5 und schließlich mehr als 90 Prozent an der IKB.

Und die IKB? Die hat sich die Finger kräftig am amerikanischen Hypothekenmarkt verbrannt, sprich: verspekuliert. Seit Juli 2007 wird sie mit Milliarden von Euro aus den Kassen von KfW, Bund und Banken gepäppelt, um sie vor dem Garaus zu retten. Hier hat die KfW kräftig Federn, sprich: Kapital gelassen.

Schließlich wurde die IKB ganz glücklich an den Investor Lone Star verkauft. So schließt sich der Kreis. Die Süddeutsche Zeitung meint dazu:

»KfW und IKB – beide Institute sind sich so ähnlich, dass sie oft verwechselt werden, obschon die KfW ein staatliches Institut und die IKB ein privates Institut ist. Beiden ging die ursprüngliche Bestimmung verloren. Beide müssen sich jeden Morgen aufs Neue fragen: Warum gibt es uns überhaupt noch?

Aus diesem Grund ist die KfW so etwas wie ein Mädchen für alles geworden. Wenn der Bund Telekom-Anteile loswerden möchte, werden sie bei der KfW geparkt. Und wenn das deutsche Bankensystem schweren Schaden zu nehmen droht, springt die KfW ebenfalls ein: Die IKB musste sie mit acht bis neun Milliarden Euro stützen. Die Mittelstandsbank hatte hochriskante Geschäfte in den USA mitfinanziert und wurde im Sommer gleich als eines der ersten Institute tief in den Strudel der Finanzkrise gerissen.

Zufall? Nein! Das unklare Geschäftsmodell der IKB sorgte dafür, dass sie ihr Geld in Bereiche lenkte, von denen sie nichts verstand. Und die KfW hätte ihre Tochter besser überwachen müssen.«[65]

Und nun auch noch dieser Fehler mit den 300 Millionen Euro. Oder waren es 350 Millionen? Während alle anderen Banken in Deutschland längst ihre Tore nach USA geschlossen hatten, rattern in der KfW die Maschinen munter weiter. Keiner bemerkt was, keiner fühlt sich zuständig. Anders ist dies gar nicht zu erklären.

Tja, typisch Staatsinstitut. Zu viele Zuständigkeiten, aber wenn's drauf ankommt, fühlt sich keiner mehr wirklich zuständig. Da nützt es auch nichts, dass die verantwortlichen Politiker schon seit Längerem die Größe des Verwaltungsrates bemängelt hatten. Jetzt war's zu spät.

Es ist unbestritten, dass eine Organisation wie die KfW grundsätzlich das richtige Instrumentarium wäre, die Finanzierungsproblematik im Mittelstand zu lösen.

Nur bisher war es nicht so. Über Jahre hinweg wurde dieses Institut unprofessionell geführt und durch Politiker noch unprofessioneller überwacht.

Der volkswirtschaftliche Schaden, den die KfW angerichtet hat, übersteigt den Nutzen um ein Vielfaches.

Bevor wir dieses Thema verlassen, noch einmal folgende Fragen:

Wie lässt es sich erklären, dass ein staatliches Finanzinstitut in Deutschland überhaupt in den amerikanischen Immobilienmarkt investiert?

Wie lässt es sich erklären, dass der deutsche Steuerzahler Milliardenverluste aus solchen Transaktionen tragen muss?

Die Finanzkrise ab 2007 bis heute

Aus einer eher lokalen, vor allem die USA betreffenden Immobilienkrise hat sich eine ausgewachsene weltweite Finanzkrise entwickelt.

Aber erst zur Wurzel allen Übels:

In den USA heißen sie die Ninjas: »No income, no job and assets« – kein Einkommen, kein Job, kein Vermögen. Trotzdem hat dieser Personenkreis Kredit zum Kauf von Immobilien erhalten. Hatten die Banken vor der Krise zu viel Geld?

Als ein wichtiges Problem, das auch für die Kreditkrise mitverantwortlich war, wird tatsächlich die riesige Geldmenge angesehen, vor allem in den USA, aber etwas eingeschränkter auch in anderen Finanzmärkten der Welt. Viel Geld zur Verfügung – billiges Geld durch die Zentralbank –, und die Banken haben leichtes Spiel, dies zu verteilen. Dann neigen sie dazu, unvorsichtig zu werden, größere Risiken einzugehen, als sie vertragen können.

Im Allgemeinen bestimmt das Risiko einer Anlage, gleich welcher Art, auch ihren Preis. Wer eine Immobilie kaufen will, selbst aber ein großes Risiko für den Kapitalgeber darstellt, muss entsprechend mehr für den Kredit zahlen.

Diese Risikoprämie aber haben die Banken in Zeiten großer Geldfülle nicht mehr in entsprechendem Maße gefordert. Hingegen haben sie in großer Zahl auch Menschen mit knappem Einkommen Immobilienkredite gewährt.

Für die Kreditnehmer war dies fatal. Zunächst stehen sie in den ersten beiden Jahren mit den in den USA genannten »2/28 Adjustable Rate Mortgage (ARM) Loans« sehr niedrigen, festen Zinsen gegenüber. Entsprechend verlockend sind die Raten. Wenn der Zins, wie es in den USA war, nur zwischen ein und zwei Prozent liegt, ist es leicht, einen Kredit zurückzuzahlen – in den ersten beiden Jahren, wie gesagt. Diese Art der Finanzierung ist seit dem Jahr 2005 bekannt.

Diese Programme werden in den USA häufig auch als *B paper loans* bezeichnet. Sie werden den weniger kreditwürdigen Schuldnern angeboten, die den Anforderungen für ein *A paper loan* nicht genügen. Man gewährt ihnen zwei Jahre, um ihre Kreditwürdigkeit wiederherzustellen respektive zu verbessern.

Wenn es die Kreditnehmer dann nicht geschafft haben, ein günstigeres Darlehen der *A paper loans* zu ergattern, springt der Zins in den variablen Bereich des höheren Zinsniveaus. Dort bleibt er nun für die restlichen 28 Jahre bestehen.

Die Käufer der Immobilien, die diese zu Zeiten niedrigster Zinsen gekauft haben, müssen nun in Zeiten der Finanzkrise mit zwei Dingen klarkommen: Sie können die hohen Raten nicht mehr bedienen und ihr Haus ist weniger und nicht wie erwartet mehr wert. Die Zinsen sind zwischenzeitlich deutlich gestiegen – und die Immobilienpreise entgegen aller Voraussicht gefallen.

Problematisch dabei war, dass gerade die finanzschwachen Kreditnehmer ganz bewusst umworben wurden. Auch das ist ein Unterschied zu früheren Krisen: Die Banken kalkulierten von vornherein damit, dass sie die potenziell schlechten Kredite nicht in den Büchern halten mussten, sondern weiterverkaufen konnten.

Hier kamen, auch in Deutschland, die gebündelten Risiken ins Gespräch. Denn im Bündel erscheinen gerade schlechte Risiken nicht gleich schlecht. Das Bündel wird gemischt aus verschieden bewerteten Krediten.

Dies sind in der Regel drei unterschiedliche Tranchen:

1. Da sind zum einen die Equity-Kredite mit dem Charakter von Eigenkapital. Diese Form von Krediten kaufen vor allem Hedge-Fonds, die auf riskante Wertpapiere setzen. Andere Investoren setzen lieber auf werthaltigere Positionen. Oftmals kann der Kreditgeber diese Positionen gar nicht veräußern, weil sich kein Käufer findet.

2. Etwas werthaltiger sind Mezzanine-Tranchen mit mittlerem Risiko-Profil.

3. Die besten Risiken sind die sogenannten Senior-Tranchen, die ein geringes Ausfallrisiko aufweisen, dafür aber auch eine geringe Verzinsung. Die Senior-Tranche wird vor allem von Versicherungsunternehmen und Kapitalanlagegesellschaften oder auch Pensionsfonds genutzt.

Die Struktur der gebündelten Risiken wird so gestaltet, dass die unterschiedlichen Risikoklassen gewisse Risiko-Ertrags-Profile aufweisen. Dazu werden die zu erwartenden Verluste auf die verschiedenen Risikoklassen aufgeteilt.

Jede einzelne Tranche wird von den Rating-Agenturen bewertet und mit einer Risikonote versehen. In der Mezzanine-Tranche reichen die Bewertungen von AA bis A. Die Senior-Tranche bekommt in der Regel ein AAA-Rating. Das Triple-A ist die beste Note, die die Rating-Agenturen zu vergeben haben.

Das klingt nun alles nach großer Übersicht über diese gebündelten Risiken. Tatsächlich aber waren diese Bündel nicht mehr zu verstehen für die Investmentbanker. Und so kam es zum größten Vertrauensverlust auf dem Finanzmarkt seit Anfang des 20. Jahrhunderts, seit der großen Wirtschaftskrise also.

Private Equity Finanzierung im Mittelstand

Die Möglichkeiten einer Finanzierung für kleine und mittlere Unternehmen hat sich in der Vergangenheit erweitert, vor allem im Hinblick auf Private Equity:

Und so ist die Platzierung von Kapital in der jüngeren Vergangenheit bei den Kreditnehmern vom Umfang her und in Bezug auf die Finanzierungsmethode heute weiter gefasst, wie auch Abbildung 16 zeigt.

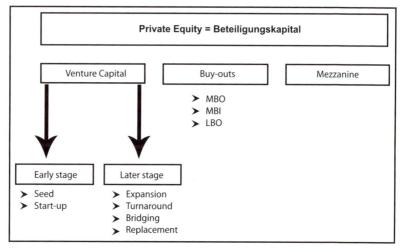

MBO = Management Buy Out   MBI = Management Buy In   LBO = Leverage Buy Out

Quelle: IBB Beteiligungsgesellschaft, 27. März 2007, www.melbournecentre.com.au/files/EuroVCPresentation.pdf, S. 4

Abbildung 16: Ausprägungsformen von Beteiligungskapital

Mittelstandsbanken sind unverzichtbar 213

Diese neuen Finanzierungsquellen sind nach angloamerikanischem Vorbild konzipiert. Die Entwicklung des Volumens dieser Finanzierungsformen in den vergangenen Jahren und Jahrzehnten zeigt ihre wachsende Bedeutung (siehe Abbildung 17):

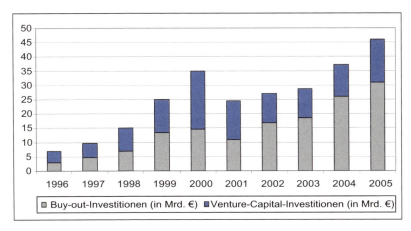

Quelle: IBB Beteiligungsgesellschaft, 27. März 2007, www.melbournecentre.com.au/files/EuroVCPresentation.pdf, S. 16.

Abbildung 17: Private Equity Investitionsvolumen in Europa 1996–2005

Von gerade mal rund sieben Milliarden Euro Beteiligungskapital in ganz Europa im Jahre 1996 stieg dieses Volumen auf stattliche 47 Milliarden Euro im Jahr 2005. Im selben Jahr waren es in Deutschland etwa 3 Milliarden Euro.

Dies kann nur heissen, dass sich auch die Hausbanken der Mittelständler diesen neuen Entwicklungen auf dem Kapitalmarkt nicht verschließen können.

Der Banker muss zum Unternehmer werden

Bei vielen Kreditnehmern der Banken, die aus dem Bereich der Familienunternehmen kommen, spielen emotionale Werte eine große Rolle. Dazu gehört in erster Linie die autonome Entscheidungsgewalt der Eigentümer, ihre unangefochtene Unabhängigkeit sowie ihr tief verwurzeltes Verantwortungsgefühl für die am Unternehmen beteiligten Menschen.

Mit diesen Werten eng verbunden ist das große persönliche Engagement der Unternehmer. Dementsprechend schätzen sie auch den Wert ihres eigenen Unternehmens besonders hoch ein.

Möglicherweise aber entspricht diese hohe Wertschätzung nicht ganz einer objektiven Bewertung, die durch eine Bank vorgenommen wird. Dies verursacht verständlicherweise erhebliches Konfliktpotenzial zwischen Bank und Kreditnehmer.

Die bisherige Finanzierungskultur in Kontinentaleuropa war überwiegend durch Sicherheiten geprägt, durch die die neutralen Fremdkapitalgeber ihr Ausfallrisiko gemildert haben. Dies kam den mittelständischen Unternehmen entgegen, die einem Mitspracherecht für Familienfremde skeptisch gegenüberstehen.

Weil den Banken und ihren Mitarbeitern unternehmerisches Denken bislang wenig vertraut war, hatten sie in der Regel wenig Interesse am Mitspracherecht an der Entscheidungsgewalt des Unternehmers. Sie betonten immer wieder ihre ausschließliche Funktion als Geldgeber.

Eine solche klar definierte Rollenverteilung im Kreditgeschäft verändert sich jedoch heute zunehmend. Schon allein wegen ihrer Rating-Aufgaben müssen sich die Banken auch bei den unternehmerischen Entscheidungen mehr Einblick verschaffen. Dies können sie aber nur glaubhaft vertreten, wenn sie sich auch mit dem unternehmerischen Denken vertraut machen.

In den kapitalsuchenden Unternehmen ihrerseits ist der Trend zu beobachten, dass sie die Banken immer weniger als Finanzierungsmonopolisten akzeptieren. Die rasante Entwicklung der informationstechnischen Hilfsmittel beschleunigen diesen Prozess. Auch die Anbieter auf dem globalen Kapitalmarkt haben ihr Angebot auf alle Bankbereiche ausgedehnt, vom Kontokorrentkredit bis hin zu unternehmerischen Direktbeteiligungen.

Die Banken haben in der Vergangenheit durch ihre reine Geldgeberposition ihre Ertragspotenziale grundsätzlich auf Zins- und Provisionseinnahmen beschränkt. Sie ziehen sich jedoch seit mehreren Jahren immer stärker aus dem reinen Kreditgeschäft zurück.

Hier steht ein Mangelzustand bevor, wenn er nicht schon längst eingetreten ist. Die Finanzmarktkrise mit den auslösenden Subprime-Krediten in den USA tut ihr Übriges.

Zukünftig sehen sich die Kreditinstitute in Deutschland mit einem Kapitalmarktangebot konfrontiert, bei dem die Fremdkapitalgeber über die Bereitstellung von (außerbörslichem) Beteiligungskapital nicht nur Finanzmittel zur Verfügung stellen, sondern den kapitalsuchenden Unternehmen die engste Form der unternehmerischen Zusammenarbeit anbieten. Dies geht hin bis zur Aufnahme als Neugesellschafter im Unternehmen und damit zur Übernahme umfassender unternehmerischer Verantwortung.

Als Kapitalgeber stehen sie zwar im vollen unternehmerischen Ausfallrisiko. Zugleich aber nehmen sie als Mitunternehmer umfassend teil an der profitablen Entwicklung eines Unternehmens.

Die Beteiligungsgesellschaften bieten ihre Partnerschaft jedoch oft nur zeitlich befristet an. Dem steht die Erwartungshaltung vieler Familienunternehmer entgegen, die eine langfristige und stetige Finanzierungsstrategie bevorzugen.

Hier könnten Banken einsteigen, wenn sie sich von ihrer traditionellen Rolle als Nur-Kapitalgeber verabschieden. Sie sollten sich vielmehr zum dauerhaften Finanzpartner der mittelständischen Unternehmen fortentwickeln. Damit eröffnet sich ihnen ein erhebliches Ertragspotenzial.

In Zeiten volatiler Märkte suchen die Mittelständler einen verlässlichen Partner. Den finden sie womöglich nicht in der Beteiligungskapitalgesellschaft mit einer durchschnittlichen Anlagedauer von drei bis fünf Jahren. Mittelständler suchen in der Regel einen Partner, der zu deutlich längerfristigen Engagements bereit ist.

Die Kriterien der angestrebten Finanzpartner sind: ausgeprägtes unternehmerisches Denken und Handeln sowie operative Erfahrung, gepaart mit dem nachhaltigen Verständnis für die Besonderheiten eines mittelständischen Unternehmens.

Des Weiteren sind Partner mit sozialer Kompetenz und einer auf Kontinuität ausgerichteten Handlungsweise gesucht. Dabei stellen die Mitarbeiter eines Finanzierungspartners nicht nur die einmalige Finanzierung der Unternehmen sicher und unterstützen damit die gewünschte Unabhängigkeit von den Banken, sondern stehen auch für weitere Fragen des Kunden zur Verfügung. Der Finanzpartner erschließt außerdem über sein Netzwerk weitere Finanzierungs- und Know-how-Quellen. Er kann auch einfach eine neutrale Moderatorenrolle übernehmen und dadurch den Mittelständlern beistehen.

Das Manko der Banken allerdings liegt bereits in den klassischen Ausbildungswegen der Bankangestellten. Diese entwickeln kaum die hier geforderten komplexen Kompetenzen, die ein mittelständischer Unternehmer von ihnen erwartet.

Wenn nun die Banken in der Zukunft nicht auf diese ertragreichen Geschäftsbeziehungen im Kreditgeschäft verzichten wollen, werden sie sich auf die zusätzlichen Erwartungen ihrer Kreditkunden einstellen müssen.

Konkret bedeutet dies, dass die Banken zukünftig ihre Ausbildungsinhalte und ihre Angestellten angemessen fortbilden müssen, um diesen Anforderungen gerecht zu werden.

Die Banken haben die Gelegenheit, mit ihrem Know-how und ihrem umfassenden Wissen bei Finanzdienstleistungen den mittelständischen Unternehmen gezielt Nutzen zu verschaffen. Damit stehen sie in Bereichen zur Verfügung, die Fremdkapitalgeber am globalen Kapitalmarkt in zwischenmenschlicher Hinsicht in der Regel nicht abdecken können.

Damit verbunden ist auch eine intensivere Zusammenarbeit der beiden Finanzpartner Kreditnehmer und Kreditgeber. Und letztlich ermöglicht dies eine Ausweitung des gegenseitigen Vertrauens als wesentliche Grundlage der Geschäftsbeziehung.

Die Bedeutung der gegenseitigen Anerkennung und Wertschätzung in den Geschäftsbeziehungen zeigt eine im Auftrag des Commerzbank-Ideenlabors von TNS Infratest durchgeführte Untersuchung.

Danach suchen Freiberufler, Selbständige und Gewerbetreibende eine Bank, die ihr Unternehmen im Idealfall »ein Leben lang« begleitet. Von den Bankberatern erwarten diese Kunden, dass sie sich in das Unternehmen »hineindenken können«. Die Branchenerfahrung einer Bank wird als selbstverständlich vorausgesetzt. Damit sollen sie in der Lage sein, rechtzeitig auf kaufmännische Defizite eines Unternehmens hinzuweisen.

Der überwiegende Teil der Unternehmer sucht nicht nur eine langjährige Bindung an seine Bank, sondern schätzt auch die persönlichen Kontakte zu seinem Betreuer. Im Zentrum steht eine Beurteilung von Kreditrisiken, die sowohl der Bank als auch dem Mittelständler entgegenkommt.

Dies zu ermöglichen, bildet für die Banken einen großen unternehmerischen Anspruch. Banken sollen in der Lage sein, Risikopositionen objektiv zu beurteilen.

In der »traditionellen« Risikobeurteilung der Institute wurden diese Risiken fast immer anhand vergangenheitsorientierter Unternehmensinformationen bewertet. Dazu gehören vor allem der Jahresabschluss eines Unternehmens wie auch die Erfahrungen mit der Zahlungsbereitschaft bei Krediten, also sein Zahlungsverhalten, seine Planungszuverlässigkeit und Ähnliches.

Zukünftig aber wird es um eine umfassendere Risikoeinschätzung gehen. Es werden verstärkt qualitative Kriterien eine Rolle spielen. Dazu zählt in erster Linie die Beurteilung der Qualität des Managements. Des Weiteren spielen die verfügbaren Informationssysteme des Unternehmens eine wichtige Rolle. Zum Dritten kommt der strategischen Stellung im Markt des Unternehmens für seine Beurteilung eine große Bedeutung zu.

Der Markt der Banken auf der anderen Seite ist durch immer geringere Kreditmargen gekennzeichnet. Da müssen Kreditrisiken entsprechend besser beherrscht werden. Dies wird den Wettbewerb zwischen den Banken in Zukunft bestimmen.

Durch eine betriebswirtschaftliche Unternehmensanalyse mit strukturierten persönlichen Kritik- und Fördergesprächen zwischen dem Kreditnehmer und seinem unternehmerischen Finanzpartner kann eine weiterführende Kernkompetenz der Banken entstehen.

Dadurch können die Banken im Rahmen der Kreditwürdigkeitsprüfung zum Teil zu ihrer Transformationsfunktion zurückkehren, ohne dabei einen Schritt zurückzumachen. Gleichzeitig nimmt extern der unternehmerische Anreiz beim Kreditnehmer zu, die wertvollen Anregungen auf der Basis einer vertrauensvollen gegenseitigen Geschäftsbeziehung auch für sich zu nutzen.

Dieser Effekt kann durch die Banken und ihre Kunden gemeinsam gefördert werden. Beide können aus den Erfahrungen ihrer bisherigen Beziehung schöpfen. Daraus wird sich das nötige Vertrauenskapital aufbauen. Die gemeinsame unternehmerische Zukunft beruht auf einer gemeinsamen Vergangenheit und schafft eine erste stabile Arbeitsbasis.

In diesem Bereich verfügen die Hausbanken im Vergleich zum Kapitalmarktanbieter über einen großen Vorteil. Denn die Hausbank kann in aller Regel die bisherige gemeinsame Beziehung mit dem Kunden in die Zukunftsbeziehung einschließen. Durch einen Wechsel der unternehmerischen Perspektive können die Banken auf diese Weise zu kooperativen Lösungen finden.

Die Kontrolle stellt dabei eine unternehmerische Bedingung für die Kooperation zwischen Bank und Unternehmen auf der Basis gegenseitiger Verlässlichkeit dar.

All dies kann aber nur dann funktionieren, wenn beide Partner gegenseitiges Vertrauen als Arbeitsgrundlage einbringen, die robust, belastungsfähig und stabil ist.

Wenn die Banken zukünftig Kreditrisiken individueller als in der Vergangenheit beurteilen und behandeln, können sie dies auch vertrauensvoller und trotzdem effektiver als bisher tun. Die reine geschäftsmäßige Dienstleistungsebene sollte also für beide Vertragspartner überwunden werden. Mit Blick auf die unternehmerische Qualität der Kreditnehmer wird dieser Faktor eine deutlich höhere Bedeutung gewinnen.

Wer hat Interesse an Veränderungen?

Die Einsicht ist die beste Lösung. Stimmt. Wäre wohl aber etwas zu viel verlangt. Zu stark bestimmen die wirtschaftlichen Gegebenheiten das Handeln jedes einzelnen Menschen. Zu stark ist im Menschen die Gier verankert.

Viele Menschen tendieren in einer solchen Situation dazu, nach dem Staat zu rufen. Gemeint sind staatliche Interventionen. Eigentlich naheliegend. Selbst der Chef der Deutschen Bank, der bisher noch nichts von Regulierung gehalten hat, ruft angesichts der weltweiten Finanzkrise nach dem Staat. Man sollte es kaum glauben!

Der Staat kann Verordnungen erlassen, er kann Gesetze schaffen. Er kann also all das verlangen, was die Volksgemeinschaft nicht bereit ist, auf freiwilliger Basis zu tun, um das Problem zu lösen oder mindestens die schmerzlichen Auswirkungen zu lindern.

Bei allem Verständnis zu dieser Haltung bin ich allerdings überzeugt, dass genau dies der falsche Weg wäre.

Es gibt in der Geschichte nun wahrlich genügend Beispiele, die beweisen, dass die Kreativität und die Willenskraft der Menschen durch Staatsinterventionismus nur gelähmt wird. Denn vom Interventionismus ist es nicht mehr weit zur Planwirtschaft. Und die kennen wir ja zur Genüge.

Bestes Beispiel dafür sind die Ostblockstaaten. Wäre ihr System nicht politisch in die Brüche gegangen – es hätte nicht mehr lange gedauert, und sie wären im Staatsbankrott untergegangen.

Staatlicher Interventionismus ist kaum von Interesse für unsere Problematik. Je nach Situation können allerdings staatliche Begleitmaßnahmen schon eine gewisse positive Wirkung entfalten. Also klar gesagt: Begleitmaßnahmen und nicht Interventionismus.

Ich denke hier vor allem an weitere fiskalische Eingriffe. Daher noch einmal einige weitere Gedanken zu diesem wichtigen Thema.

Wir haben ja festgestellt, dass Aktienanlagen in Form von Kapitalerhöhungen bei Unternehmungen volkswirtschaftlich sehr sinnvoll sind. Bei einer Kapitalerhöhung, zum Beispiel, um Investitionen finanzieren zu können, muss jedem Aktionär ein seinem Anteil an dem bisherigen Grundkapital entsprechender Teil der neuen Aktien zugeteilt werden. Diese Bezugsrechte können ausgeübt oder aber auch an der Börse gehandelt werden.

Eine Kapitalerhöhung ist also eine gerechte Geschichte. Anlagen als reine Aktien-Spekulation aber nicht.

Somit stellt sich die Frage, ob durch eine unterschiedliche Besteuerung der Kapitalgewinne die Finanzmärkte entsprechend reagieren würden. Dies könnte folgendermaßen aussehen:

- Kapitalgewinne aus Kapitalerhöhungen werden nicht oder nur niedrig besteuert.
- Kapitalgewinne aus reiner Spekulation werden hoch besteuert.

Man kann den Kreis auch noch weiterziehen, indem man sämtliche Vermögenswerte, die in den volkswirtschaftlichen Kreislauf fließen, fiskalisch entlastet oder überhaupt nicht besteuert.

Ich glaube, dies wäre grundsätzlich ein taugliches Mittel. Der Mensch reagiert ja bekanntlich erst dann, wenn die Situation ihm finanziell Schmerzen respektive Nachteile bereitet. Rein administrativ ließe sich dies auch problemlos bewerkstelligen.

Dagegen spricht natürlich die Grundproblematik der Steuererhebung weltweit. Solange einzelne Länder immer wieder Ausweichmöglichkeiten für diejenigen bieten, die es anders haben wollen, lassen sich fiskalische Maßnahmen nur schwerlich durchsetzen.

Innerhalb der EU sind allerdings schon seit geraumer Zeit große Anstrengungen im Gange, eine gewisse Steuerharmonisierung innerhalb der Mitgliedsländer zu erwirken. Dies ist allerdings sehr schwer zu realisieren, sind doch die kurzfristigen finanziellen Interessen vieler Länder, auch der neuen osteuropäischen Mitglieder, nicht unbedingt kongruent mit dieser Problematik.

Das sieht man schon daran, dass es selbst innerhalb der EU noch eine ganze Reihe von Steueroasen und Steuerschlupflöchern gibt, wie in Kapitel 2 im Abschnitt über Steueroasen klar geworden sein dürfte.

Außerhalb der EU gibt es noch mehr solcher Ausweichstandorte, und es wird sie wohl immer geben. Die Globalisierung der Märkte führt natürlich auch zu einer Globalisierung der Marktteilnehmer. Somit wird es für Steuerflüchtlinge auch immer einfacher, die entsprechende steueroptimale Lösung zu finden.

Trotzdem ist es so, dass die Mehrheit der Wirtschaftsteilnehmer der Verpflichtung, Steuern zu bezahlen, nicht aus dem Wege geht oder gehen kann. Entsprechend ist es richtig, dass man den Versuch unternimmt, durch fiskalische Maßnahmen die Volkswirtschaft generell zu stärken.

Es geht hier also nur um sogenannte Lenkungssteuern. Darunter versteht man Abgaben oder Steuern, deren Hauptzweck nicht in der Einnahmenerzielung besteht, sondern in erster Linie einen besonderen Zweck verfolgt. Dieser Zweck besteht vor allem darin, das Verhalten der Menschen zu ändern, in eine bestimmte Richtung zu lenken, die der Gesetzgeber respektive die Politiker oder auch der überwiegende Teil der Gesellschaft als vorteilhaft für das Gemeinwesen ansehen.

Das Problem dabei, wenn man über Lenkungssteuern nachdenkt, liegt darin, dass es viele Steuern und Abgaben gibt, die in ihrer Ausgestaltung auch eine Verhaltensreaktion beinhalten, die nicht immer angestrebt wird. Das sind dann die vom Steuerpflichtigen erfundenen Ausweichreaktionen.

Ein Beispiel hierfür ist die Tabaksteuer. Je höher sie ausfällt, umso mehr versuchen die Menschen, ihren Bedarf an Zigaretten in Ländern zu decken, die eben niedrigere Tabaksteuersätze und damit deutlich billigere Zigaretten anbieten. Da ist es auch nicht weiter interessant, dass auf den entsprechenden Märkten im Ausland auch gefälschte Zigaretten verkauft werden. Hauptsache sie qualmen.

Dasselbe gilt für die Mineralölsteuer. Ein Hoch dem kleinen Grenzverkehr, mal schnell zur Tankstelle, 20 Kilometer entfernt, aber deutlich günstiger, weil im Nachbarland. Da rentiert sich der Abstecher.

Der Steuerpflichtige ist also daran interessiert, der hohen Lenkungssteuer zu entkommen, und wenn er zu den Glücklichen gehört, die nahe einer Grenze wohnen, so werden die meisten diese Möglichkeit auch nutzen.

Der Erfolg beim Lenkungszweck ist bei einer Lenkungssteuer mit einem Misserfolg beim Einnahmeerzielungszweck verbunden. Das Steueraufkommen sinkt, wenn die Steuerpflichtigen sich wie gewünscht verhalten.

So ging beispielsweise der Zigarettenkonsum in Deutschland nach der Erhöhung der Tabaksteuer im März 2004 vorübergehend deutlich zurück.

Mit Lenkungssteuern versucht man ein ganz spezifisches Ziel zu erreichen. In unserem Falle: die Volkswirtschaft zu stärken. Aber aufgepasst: Unverhältnismäßige Abgaben bewirken oftmals auch das Gegenteil. Die Politiker sollten also versuchen, eine vernünftige, ausbalancierte Lösung zu finden.

Mögliche Lösungsansätze sollten aber vor allem durch Selbstregulierung innerhalb der Wirtschaft gefunden werden. Gemeint sind Maßnahmen, die der freie Markt selber ergreift. Dies ist der mit Abstand effizienteste Weg.

Das oberste Primat wäre, dass die Wirtschaftsteilnehmer motiviert sind, die Volkswirtschaft zu stärken, ohne sich aber selber zu schwächen. Sonst fehlt der Anreiz. Nur so können realistischerweise CLUB-Mitglieder zu volkswirtschaftlichem Handeln gebracht werden.

Wir suchen also Lösungswege, die wirtschaftlich interessant sind. Wie könnte das nun aussehen?

Was ist zu tun?

Es braucht grundsätzlich mehr Börsenplätze respektive Börsensysteme für kleine und mittlere Unternehmen. Dies ist allgemein unbestritten. Nur an einer praktikablen Umsetzung hat es bisher gefehlt.

Anstelle Regionalbörsen auszubauen, wurden sie geschlossen oder zumindest stark reduziert. Mit zusätzlichen Börsenplätzen könnten viele Unternehmungen des Mittelstandes notwendiges Kapital über den jeweiligen regionalen Kapitalmarkt beschaffen.

Versuche wurden schon gemacht. Nur das Ziel war verfehlt, denn sie wurden nicht etwa geschaffen, um den Mittelstand zu stärken. Der Grund für die Einrichtung solcher Börsenplätze liegt schlichtweg im Ansporn des CLUBs und darin, die Spekulationsmöglichkeiten zu erweitern.

Um es in unserer Sprache auszudrücken: Der CLUB wollte es so.

Leider tragen auch in dieser Situation die Investmentbanken eine große Verantwortung. Es sollte nicht sein, dass die kleinen und mittleren Unternehmen nach ihrer Börseneinführung von den Investmentbanken nicht mehr unterstützt werden, nur weil sie wirtschaftlich nicht mehr so interessant sind, nachdem die Gebühren der Börseneinführung bezahlt sind.

Ein weiteres Problem, ja manchmal direkt ein Hindernis, stellen die steigenden Anforderungen an die Börsenkandidaten seitens der Aufsichtsbehörden im Bereich der Administration und immer mehr der verlangten Publizität dar.

Es macht wohl wenig Sinn, wenn ein mittelständischer Unternehmer vierteljährlich eine Bilanz vorlegen muss, zusammen mit vielen weiteren administrativen Auflagen. Die damit verursachten Kosten lassen sich ökonomisch nicht rechtfertigen. Mittelständische Unternehmen arbeiten auf lange Frist. Wie soll sich da Wesentliches nach nur drei Monaten verändert haben? Innovationen brauchen Zeit zur Reife. Der Horizont von einem Vierteljahr ist viel zu kurz.

Es ist immer wieder das gleiche Lied: Die Börseninstitutionen sind selber wirtschaftliche Einheiten und müssen sich dementsprechend verhalten. In den meisten Fällen sind die Börseninstitutionen, also NYSE (New York Stock Exchange), NASDAQ (National Association of Securities Dealers Automated Quotations), LSE (London Stock Exchange), Deutsche Börse AG etc., Kapitalgesellschaften, hochrentabel und auch selber börsennotiert. Also gelten hier natürlich dieselben wirtschaftlichen Regeln wie bei allen anderen Unternehmen.

In den letzten Jahren hat sich gezeigt, dass die großen Börsen die kleinen übernehmen, um die eigene Rentabilität zu stärken. Dies widerspricht dem Gedanken von zusätzlichen, regional ausgerichteten Börsenplattformen. Die NASDAQ beteiligt sich an der London Stock Exchange, die Deutsche Börse AG will die London Stock Exchange übernehmen und so weiter.

Andererseits haben die vielen Skandale mit großen Unternehmungen dazu geführt, dass die staatlichen Aufsichtsorgane vermehrt Auflagen für Publikumsgesellschaften machen. Vor allem sind höhere Anforderungen an die Transparenz gestellt. Zum Teil ist dies sicher gerechtfertigt. Nur scheint es notwendig zu sein, dass unterschiedliche Standards für große und kleinere Unternehmungen gemacht werden. Mehr als bisher. Denn ein mittelständisches Unternehmen stellt andere Anforderungen als ein Großunternehmen.

Meine vielen Gespräche mit diversen Investmentberatern der AIM in London – alles sehr renommierte Unternehmungen – haben unisono ergeben, dass noch ein weiteres Hindernis für die mittelständischen Unternehmungen besteht: Die in einem Börsengang benötigten Summen vieler mittelständischer Börsenkandidaten sind nicht groß genug. Welche Überraschung. Das haben wir doch von anderen CLUB-Mitgliedern auch schon gehört!

Es wurden mir gegenüber die verschiedensten Minimalbeträge genannt: Rund 50 Millionen Englische Pfund scheinen an vielen Orten die Minimalgrenze zu sein. Welche Arroganz des Geldes!

Das größte Problem stellen aber die Unternehmen selbst dar. Häufig sind die Produkte exzellent, nicht aber der Rest der Firma. Häufig ist eine Unternehmung schlichtweg nicht börsenfähig.

Wann immer etwas verbessert oder geändert werden muss, ist der Faktor Zeit von großer Bedeutung. Steuergesetze zu ändern, ja, eine ganze Steuerpolitik umzukrempeln, ist eine langfristige Übung. Ganz neue Börsenplätze zu schaffen dasselbe.

Nicht weniger langsam wird der Weg sein, geldgierige Aktionäre der großen Weltbörsen zu überzeugen, neue Börsensegmente für mittelständische Unternehmungen zu schaffen.

Also stellt sich die Frage, welche Maßnahmen kurzfristig und realistischerweise umgesetzt werden können.

Da fallen mir die Unmengen von Pensionskassen ein. Die Pensionskassenreglemente können relativ schnell angepasst werden, sofern der Wille dazu da ist.

Wir haben in Kapitel 2 zum Thema Pensionskassen gesehen, welche Größenordnungen an Geldern von diesen Institutionen verwaltet werden. Dazu gehören natürlich auch diejenigen Pensionskassen, die staatlich kontrolliert werden, also nicht nur die Gelder des freien Marktes, sondern auch Gelder der Millionen von Staatsangestellten.

Die Entscheidungsprozesse liegen hier auf Arbeitnehmer- wie auch Arbeitgeberseite. Alle haben grundsätzlich dasselbe Interesse. Probleme können hier nur von Seiten der Pensionskassenverwalter kommen.

Wir haben bereits festgestellt, dass es nicht gut ist, wenn der Staat interveniert. Hier muss er nicht intervenieren, sondern lediglich handeln und entsprechende Rahmenbedingungen schaffen. Das steht auch in seiner Macht.

Als Eigentümer treten institutionelle Anleger (also CLUB-Mitglieder) wie auch Privatpersonen auf. Diese können wiederum mit entsprechenden Steuerprivilegien zusätzlich motiviert werden.

Zudem würde durch die gewährten Eigenkapitalfinanzierungen dieser Firmen eine eigentliche Handelsplattform unter den vielen neuen Finanzierungsgesellschaften entstehen.

Fazit: Viele kleine und mittlere Unternehmungen erhalten notwendiges Neugeld, sie machen Gewinne, die Aktionäre genau dasselbe. Neue Arbeitsplätze entstehen. Die Volkswirtschaften blühen.

Anhang

Tabelle: Millionen, Milliarden, Billionen ...

	amerikanisches Englisch	eine 1 mit ...
Million = 10^6	million	6 Nullen
Milliarde = 10^9	billion	9 Nullen
Billion = 10^{12}	trillion	12 Nullen
Billiarde = 10^{15}	quadrillion	15 Nullen
Trillion = 10^{18}	quintillion	18 Nullen
Trilliarde = 10^{21}	sextillion	21 Nullen
Quadrillion = 10^{24}	septillion	24 Nullen
Quadrilliarde = 10^{27}	octillion	27 Nullen

Namens- und Unternehmensverzeichnis

A
ABN Amro 109
Absolute Capital Management AG (ACM) 155 f.
Ackermann, Josef 71
Air Berlin 25, 136
Allianz 54, 165 f., 173 f., 177
Alpha-Zirkel 161
Alternative Investment Market (AIM) 93, 201 f.
Amaranth Advisors 24 f., 106–108
Apollo 113
Assicurazioni Generali 177
Atticus 24, 101 f., 104
Audley Capital 154

B
BaFin 178 ff.
Balda 154 f.
Banco Ambrosiano 78 f.
Bank Occidental 79
Bank of New York 131 f.
BASF 49
Baschin, Karsten 137
Blackstone 109, 112 ff., 130
Bloomberg 112
Blue-Chip-Index 191
Bluecrest 155
Börse München 195, 197 f.

Breuer, Rolf E. 99
Brinkmann, Anna 135
Burgerkasse der Stadt Bern 181

C
C.A.T. Oil 25 f., 135 f.
Caloia, Angelo 75
Calpers (California Public Employees Retirement System) 132
CalSTRS 132
Calvi, Roberto 78 f.
Capital 82, 130
Casey, Quirk & Acito 131
Cash Life 155
Catkoneft 135
Catobneft 135
Center for Entrepreneurial and Financial Studies (CEFS) 161
CeWe Color 153 f.
Citadel 155
Clearstream 101 f.
Commerzbank 165 ff., 177
Commodity Futures Trading Commission (CFTC) 108
ComROAD 192 ff.
Con Vida Wirtschaftsgesellschaft mbH 137
Credit Suisse 70, 104, 170, 181

Namens- und Unternehmensverzeichnis 229

Creditreform 156, 197
Cycladic 154

D
Deby, Idriss 68
Demag Cranes 155
Deutsche Bank 71, 165f., 168, 177
Deutsche Börse AG 23f., 98ff., 191, 200, 224
Devine, Kevin 156
Downey Savings & Loan 17
Dresdner Bank 54, 165ff., 177
Dresdner Kleinwort 165
Drillisch 155
Droege & Comp. Financial Advisors 161
DWS Investment GmbH 83
DZ Bank 166, 177

E
E.on 49
Economics & Business Research (CEBR) 90
Eggendorf, Adolf 137
Eggendorf, Matthias 137
Ernst & Young 111
Eurex 102
Europäische Zentralbank EZB 96

F
Federal Deposit Insurance Corporation (FDIC) 18
Fidelity Management & Research 104
FinMa 178ff.
Flowers, Christopher 19
FMR LLC (Fidelity Management & Research) 104
Fortress Investment Group 107
Francioni, Reto 101

Freescale 130
Freistaat Bayern 193

G
Geheimloge P2 78
General Motors 47
Genescan Europe 192
Gerling 175, 177
German Entrepreneurial Index (GEX) 200
Gigabell 192
GLG Partners 155
Glos, Michael 205f.
GMAC 47
Goldman Sachs 90
Grübel, Oswald 171f.

H
HCA 109, 130
Henkel, Fresenius und Fielmann 200
Hohn, Christopher 99, 102f.
Homm, Florian 155f.
Hunold, Joachim 136
Hunter, Brian 106ff.
Hypo Real Estate (HRE) 19
HypoVereinsbank 166, 177

I
IHK (Industrie- und Handelskammer) 183
IKB 205, 207f.
IndyMac 17
Ingenieurdienstleister Bertrandt 190
Institut der deutschen Wirtschaft (IW) 167
Istituto per le Opere di Religione (IOR) 74ff.

J

J.P. Morgan Chase 17
JO Hambro Capital Management 108

K

K Capital 154
Kardinal Marcinkus 79
Katholische Kirche 80
Kaupthing Bank 17
KfW 163, 166, 204 ff.
Kinder Morgan 109
Kohlberg Kravis Roberts (KKR) 110, 113, 130
Kopper, Hillmar 205
Kurer, Peter 171

L

Lafontaine, Oskar 205
Lansdowne 155
Lehman Brothers 16, 18 f., 204 ff.
Liechtensteiner LGT Bank 141 f.
Liechtensteinische Landesbank LLB 141
Limmat-Stiftung 79
London Stock Exchange 24, 93 f., 98 ff., 224
Londoner Börse 93 f., 102, 155, 201
Lone Pine Capital LLC 104
Lone Star 207 f.

M

M:access 195 ff.
M2 Capital 153
Madoff, Bernie 115 ff.
Maisch, Michael 113
MAN Group 106
Maounis, Nicholas 107
Marcus, David 154
Marshall, George C. 207

Matterhorn 117
Matthäus-Maier, Ingrid 206
Merrill Lynch Global 130
Mittelstandsbank 163, 204 f., 208
Mobilcom 190
Morgan Stanley 154
Mother Rock 105 f.
Müntefering, Franz 87

N

NASDAQ 93 f., 191, 224
Nemax 50 191 f.
Nemax All Share 191 f.
Nestlé 49
Net AG 50
Neue Markt 190 ff.
New York Mercantile Exchange (NYMEX) 108
New York Stock Exchange 93, 224
Nicora, Attilio 75
Nordfinanz-Bank 79
Northern Rock 18

O

OECD 140
Opus Dei 78 f.
Ospel, Marcel 171

P

Pabst Paul VI. 77
Paulson, John 97
Permira 130
Peterson, Peter 114
Praktiker 155
Premiere TV-Sender 155
Privatbank Reichmuth 116

R

Reese, Thomas J. 76
Rehm, Hannes 19
Reuters 112

Riess, Rainer 200
RJR Nabisco 130
Rohner, Marcel 171
Rossi, Fabrizio 75
Royal Bank of Scotland (RBS) 19
RWE 49

S
SAP 71
Schmelz, Bertram 137
Schnabel, Bodo 192 f.
Schröder, Ulrich 205
Schwarzman, Stephen 114
Schweiz. Bankgesellschaft 92
Schweiz. Bankverein 92
Schweiz. Kreditanstalt (SKA) 181
Schweiz. Nationalbank 18
Schweiz. Rückversicherungsgesellschaft 172
Seifert, Werner 23, 98 ff.
Siemens 71
Sindona, Michele 78
Soffin 19
Solengo Capital Advisors 107
Soros, George 88, 109
Spitalkette HCA 109
Steinbrück, Peer 205
Steinkühler, Franz 130
Süss Microtec 155
Swissair 172
SwissCanto 122

T
TCI 24, 99 ff., 104, 109
Techem 155
Tecra 109
Texas Pacific 110, 130
Thomson Financial 110, 112
ThyssenKrupp AG 49
TNS Infratest 217

Tracom Holding AG 193 f.
Trident European Fund 108
TXU Corp. 110

U
UBS 16, 18, 70, 83, 92 f., 104, 136, 170 ff., 181
United Trading 79

V
Vatikan 74 ff., 142
Vatikanbank 74 ff.
Vatikanische Zentralbank APSA 74
Venturion 136 f.
Viermetz, Kurt 101, 103
Villiger, Kasper 172
Vivacon 155
VW-Konzern 108

W
Washington Mutual 17
Weber, Gerry 155
Weber, Manfred Prof. Dr. 87
Wiederkehr, Arthur 79
Wige Media 155
World Trade Center in New York 192
Wyser-Pratte, Guy 154

Z
Ziegler, Jean 62, 72
Zumwinkel, Klaus 137 ff.

Anmerkungen

1. http://www.spiegel.de/wirtschaft/0,1518,583126,00.html
2. http://findarticles.com/p/articles/mi_m0EIN/is_2008_Nov_22/ai_n31027828
3. http://www.wirtschaftsblatt.at/home/international/unternehmen/356532/index. do?_vl_backlink=/home/index.do&_vl_pos=14.2.DT
4. http://www.manager-magazin.de/geld/artikel/0,2828,592186,00.html
5. Aufstieg und Fall von Northern Rock, Handelsblatt vom 17. September 2007
6. Schweizerische Nationalbank, Medienmitteilung vom 9. Februar 2009; UBS-Pressebericht vom 16. Oktober 2008
7. Thomas Fromm: Aus Löchern würden Krater. In: Süddeutsche Zeitung, Nr. 41 vom 20. Februar 2009, S. 2
8. Im Gespräch: Hannes Rehm: »Schlimmer als die Pleite von Lehman Brothers«, Frankfurter Allgemeine Sonntagszeitung Nr. 11 vom 15. März 2009
9. http://www.zeit.de/online/2009/10/royal-bank-scotland-rekordverlust
10. http://eon.fb.corporate-publications.com/data/pdf/0033_de_eon_fb_2008_pa ge.pdf
11. http://berichte.basf.de/basfir/html/2007/de/themen/kapitalmarkt/investorrela tions/aktienrueckkaeufe.html
12. http://www.handelsblatt.com/unternehmen/industrie/nestle-startet-massiven-aktienrueckkauf;1313351
13. http://www.rwe.com/web/cms/de/109426/investor-relations/aktie/aktienrueckkaeufe/
14. http://www.thyssenkrupp.de/de/investor/aktienrueckkauf.html
15. http://www.destatis.de/presse/deutsch/pm2005/p4490121.htm und http://www.destatis.de/presse/deutsch/pm2006/p4570122.htm
16. Jean Ziegler, Die neuen Herrscher der Welt und ihre globalen Widersacher, 2002, S. 21

17 Jean Ziegler, Die neuen Herrscher der Welt und ihre globalen Widersacher, 2002, S. 26
18 Statistisches Bundesamt, 2006
19 Zürcher Tagesanzeiger vom 29.05.2006
20 Fabrizio Rossi, Der Vatikan, 2005, S. 78
21 Thomas J. Reese, Im Inneren des Vatikan, 2005, S. 304
22 Thomas J. Reese, Im Inneren des Vatikan, 2005, S. 305
23 H. Rupp, Opus Dei, 2002, S. 124
24 H. Rupp, 2002, S. 124 f.
25 H. Rupp, 2002, S. 125
26 H. Rupp, 2002, S. 125 f.
27 John F. Jungclaussen, Goldregen über der Londoner City; *Die Zeit*, Nr. 52 vom 20. Dezember 2006, S. 23
28 John F. Jungclaussen, Goldregen über der Londoner City; *Die Zeit*, Nr. 52 vom 20. Dezember 2006, S. 23
29 Christoph Hus und Olaf Wittrock, Die Bank gewinnt immer; *Die Zeit*, Nr. 8 vom 15. Februar 2007, S. 20
30 Janek Schmidt, »Kohle machen mit der Krise«, *Süddeutsche Zeitung*, Nr. 90 vom 17. April 2008, S. 24
31 Werner G. Seifert und Hans-Joachim Voth, Invasion der Heuschrecken, 2006, S. 58
32 Werner G. Seifert und Hans-Joachim Voth, Invasion der Heuschrecken, 2006, S. 118
33 http://www.manager-magazin.de/geld/geldanlage/0,2828,577134,00.html
34 http://www.manager-magazin.de/geld/artikel/0,2828,577787,00.html
35 http://www.manager-magazin.de/geld/artikel/0,2828,580245,00.html
36 http://deutsche-boerse.com/dbag/dispatch/de/listcontent/gdb_navigation/investor_relations/Content_Files/10_adhoc/db_ad-hoc_240209.htm
37 http://aktien.onvista.de/profil.html?ID_OSI=3459922
38 CBC-News, Kanada, Amaranth Advisors hedge fund, former trader charged with market manipulation www.cbc.ca/money/story/2007/07/25/amaranthcharges.html
39 http://www.bloomberg.com/apps/news?pid=20601102&sid=a1VjpZMf5iS w&refer=uk
40 http://www.spiegel.de/wirtschaft/0,1518,587524,00.html
41 http://www.spiegel.de/wirtschaft/0,1518,587524,00.html
42 FuW, 1. Juli 2006
43 Quelle: Ernst&Young
44 Michael Maisch, Private Equity denkt um, Wirtschaftswoche vom

15. April 2008, http://www.wiwo.de/finanzen/private-equity-denkt-um-273138/
45 http://www.handelsblatt.com/finanzen/vorsorge/boersenbaisse-reisst-riesenloecher-in-pensionskassen;2132305
46 Andreas Oldag, Rückzug des Pensionsfonds, *Süddeutsche Zeitung* vom 12. September 2006, S. 34
47 Heike Buchter, Wetteinsatz: Die Rente, *Die Zeit* vom 21. September 2006, S. 39
48 Nikolaus Piper: Die Rückkehr des Risikos, *Süddeutsche Zeitung* Nr. 49 vom 28. Februar 2009, S. 30
49 http://www.manager-magazin.de/geld/artikel/0,2828,410831,00.html
50 http://www.sueddeutsche.de/wirtschaft/858/342700/text/
51 http://www.anlegerschutzarchiv.de/cms/index.php?verbraucherschutz_warnliste
52 Uwe Ritzer: Unter Räubern. Die Führung der Liechtensteinischen Landesbank hat monatelang auf eigene Faust mit einem Erpresser verhandelt – deutsche Bankkunden sollten anonym bleiben. *Süddeutsche Zeitung* vom 15./16. März 2008, Nr. 64, S. 38
53 Hans Leyendecker, Johannes Nitschmann und Claus Hulverscheidt, Steuerfahnder haben 700 Reiche im Visier, *Süddeutsche Zeitung* vom 16./17. Februar 2008, Nr. 40, S. 1.
54 Nikolaus Doll, Steueroasen: Fluchtpunkte fürs Geld in Europa, Welt online vom 25. Februar 2008, http://www.welt.de/wirtschaft/article1721041/Fluchtpunkte_fuers_Geld_in_Europa.html
55 Nikolaus Doll, Steueroasen: Fluchtpunkte fürs Geld in Europa, Welt online vom 25. Februar 2008, http://www.welt.de/wirtschaft/article1721041/ Fluchtpunkte_fuers_Geld_in_Europa.html
56 Martin Hesse, Sonderdividende trotz Stellenabbau gefordert. Hedge-Fonds erpressen Cewe Color, *Süddeutsche Zeitung* vom 31. Januar 2007, http://www.sueddeutsche.de/finanzen/artikel/207/100107/
57 http://www.handelsblatt.com/finanzen/fondsnachrichten/florian-homm-abgang-eines-zerlegers;1327130;0
58 http://www.wiwo.de/finanzen/florian-homm-hinterlaesst-spur-der-verwuestung-296440/
59 http://www.fr-online.de/in_und_ausland/politik/aktuell/1662706_Steinbrueck-pocht-auf-EU-Stabilitaetspakt.html
60 http://de.statista.com/statistik/daten/studie/3009/umfrage/nettokreditaufnahme-des-bundes-in-milliarden-euro/

Anmerkungen

61 Bund der Steuerzahler (BdSt)
62 Creditreform, 2004, Wirtschaftslage und Finanzierung im Mittelstand. Frühjahr 2004. Eine Untersuchung der Creditreform Wirtschafts- und Konjunkturforschung, Neuss, S. 18.
63 GEX – German Entrepreneurial Index, http://deutsche-boerse.com/dbag/dispatch/de/kir/gdb_navigation/listing/10_Market_Structure/31_auswahlindizes/560_GEX
64 KfW-Debakel: »Deutscher Beitrag zur Wall-Street-Sanierung«, http://www. sueddeutsche.de/finanzen/600/310528/text/ vom 17.09.2008
65 Hans von der Hagen, Eine Versagerbank mit 37 Kontrolleuren, *Süddeutsche Zeitung* vom 18.09.2008, http://www.sueddeutsche.de/finanzen/795/310723/text/

Rolf Hess, Kaufmann, Wirtschaftsprüfer, Unternehmensberater, Aufsichtsrat und Investor – Hess kennt die Probleme mittelständischer Unternehmen in (Mittel-)Europa, in Deutschland, Österreich und der Schweiz, er hat auch einschlägige Erfahrung in den asiatischen, amerikanischen und osteuropäischen Märkten. In seiner Tätigkeit im internationalen Wirtschaftsprüfungsgeschäft kennt er die Machenschaften der Konzerne, ihrer Manager und Vorstandsetagen.

Rolf Hess doziert als Gastprofessor an den Universitäten Budapest und Györ zum Thema »Internationale Finanzmärkte«.